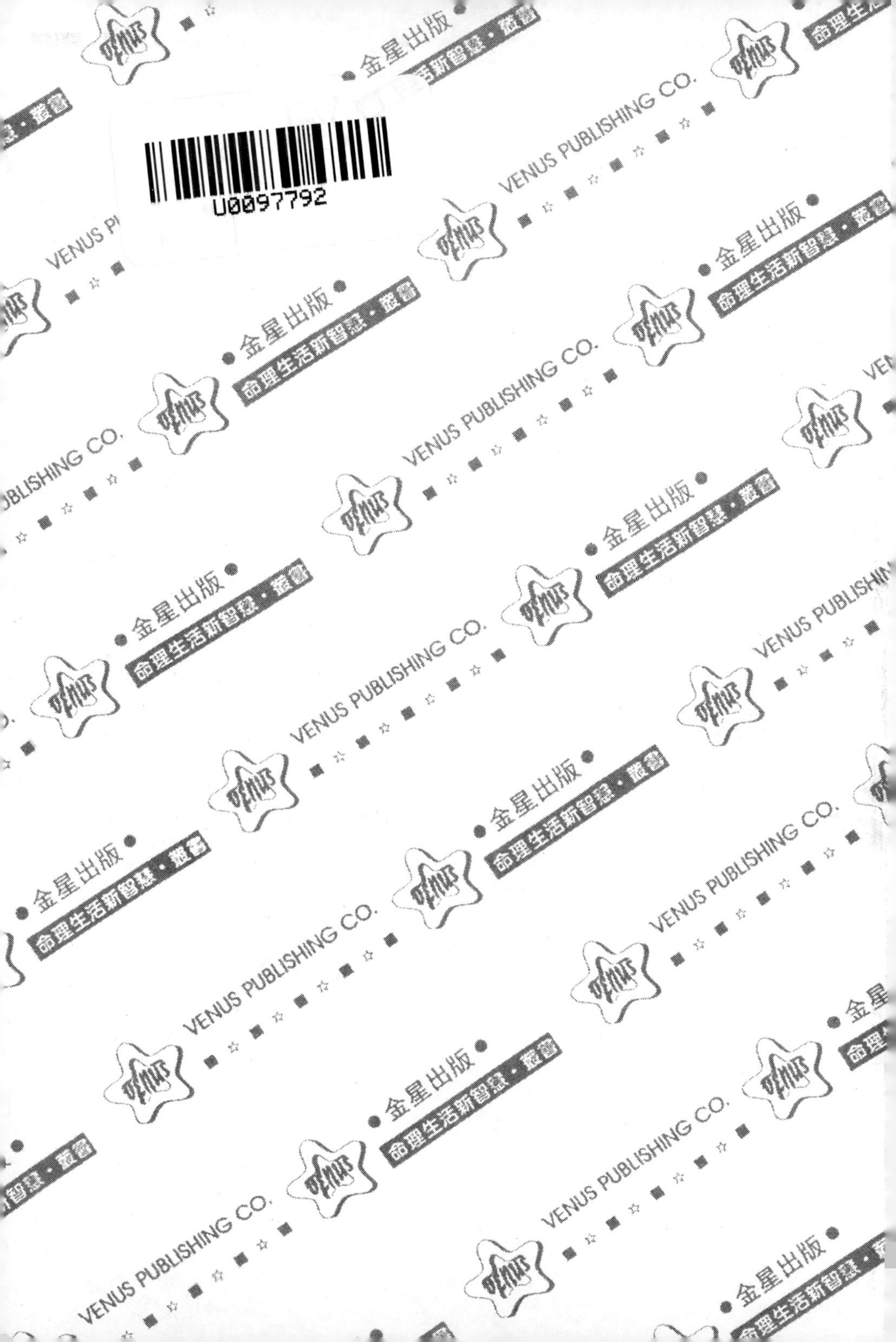
U0097792
VENUS PUBLISHING CO.
金星出版
命理生活新智慧・叢書

命理生活新智慧・叢書 126

紫微+土象星座

(金牛座・處女座・摩羯座)

算命更準

法雲居士◎著

金星出版社 http://www.venusco555.com
E-mail: venusco555@163.com

法雲居士網址：http://www.fayin777.com
E-mail:fatevenus@yahoo.com.tw

國家圖書館出版品預行編目資料

紫微+土象星座算命更準／法雲居士著，–臺北市：金星出版：紅螞蟻總經銷，2020年 [民109年] 第1版　面；　公分–(命理生活新智慧叢書・126)

ISBN: 978- 986-6441-75-2　（平裝）

1. 紫微斗數　2.占星術

293.11　109017191

紫微+土象星座算命更準

作　　者：法雲居士著
發 行 人：袁光明
社　　長：袁靜石
編　　輯：尤雅珍
出版經理：王璟琪
出 版 者：金星出版社
社　　址：台北市南京東路三段201號3樓
電　　話：886-2-23626655● 886-2-25630620
傳　　真：886-2-23652425
郵政劃撥：18912942金星出版社帳戶
總 經 銷：紅螞蟻圖書有限公司
地　　址：台北市內湖區舊宗路二段121巷19號
電　　話：(02)27953656(代表號)
網　　址：www.venusco555.com
E-mail　：venusco555@163.com
　　　　　fatevenus@yahoo.com.tw
法雲居士網址：http://www.fayin777.com
E-mail　：fatevenus@yahoo.com.tw

版　　次：2021年1月第一版　2022年5月加印
登 記 證：行政院新聞局局版北市業字第653號
法律顧問：郭啟疆律師
定　　價：　380　元

行政院新聞局局版北字業字第 653 號
(本書遇有缺頁、破損倒裝請寄回更換)

ISBN : 978-986-6441-75-2　（平裝）

序

這本《紫微＋土象星座　算命最準》是一套四本『星座加紫微』的書中之首冊。其他還有《紫微＋火象星座　算命最準》、《紫微＋風象星座　算命最準》、《紫微＋水象星座　算命最準》。

十二星座和紫微斗數看命的方法，同樣都是以人出生時、當時天上的星盤為主，來推論人之個性與命運前途的內容的。雖然各自的星曜明稱不一樣，但都是以出生日在黃道上的時間點做為依歸。以春分、夏至、秋分、冬至做為四個定點來分出春、夏、秋、冬的時序。人的性格和運氣會根據時序變化和環境影響而變化起伏。

紫微＋土象星座
算命更準！

這本《紫微＋土象星座 算命最準》講的是紫微命格的人又分別是金牛座、處女座、摩羯座的時候，會有什麼特殊的特質及思想，這是好還是壞呢？我們要如何利用本身性格及思想模式的優點，來建造屬於我們自己的成功人生呢？還可以在你結交朋友、尋找合作對象、應徵下屬人員、當你分析人性時，能做有利的參考，這就是這本紫微＋星座的書的最大目的與功能了！

《紫微＋土象星座 算命最準》，從每一星座所對應的紫微十九顆星的命格相互影響的細微狀況，兼而影響到處世對應的關係，繼而影響到人的命運。這本書都紀錄的很清楚，以供大家參考。

紫微＋土象星座（金牛座・處女座・摩羯座）

目錄

金牛座

紫微＋土象星座
算命更準！

紫微＋土象星座
算命更準！

處女座

紫微＋土象星座 算命更準！

紫微＋土象星座 算命更準！

摩羯座

紫微＋土象星座
算命更準！

（4 月 21 日～5 月 20 日）

金牛座・星座探秘

●**位次與主管事項**：位於第二宮。主管財產、物質生活、價值觀、金錢、黃金、飾物、珠寶、藝術品、愛情、音樂等。

●**精神能力與特質**

專注於美麗和愉快東西
本性現實及和平的人
金牛座的人有厲害的鑒賞力
對於喜愛的事物有堅強耐力，
是個既頑固又保守的人
同時也是佔有慾特強、有自信、愛自誇
既重安全感，性慾也強

●**戀愛速配對象**

第一名：處女座、摩羯座
第二名：巨蟹座、雙魚座

●**誕生石及幸運色及飾品**

誕生石：藍寶石
幸運色：粉紅色與淡藍色
幸運飾品：銅製飾品

●**幸運旅行國家及城市**

所屬國家與城市：愛爾蘭、瑞典、波斯、都柏林、來比錫

紫微＋土象星座（金牛座・處女座・摩羯座）

金牛座（4月21日至5月20日）

金牛座＋紫微命格的人

命運特質

這個月份星座的『紫微』坐命者屬於命格裡土多的人，因此更形穩重、受人尊重、有讓人信賴。固執、保守、自信心強，話不多、善算計理財，為人現實。一生有許多小確幸，非常有耐性，在重要時刻，他特別容易掌控主導權。

（金牛座・紫微）的人，一生很少遇到會失面子的事。即使他做錯事，師長、長官都會不太計較。但缺點是耳根子軟，易聽信他人之言投資有缺失。但損失不大。

戀愛運

（金牛座・紫微）的人，他們較重視肉慾性愛。男女都是眾人追求的好對象。你們有些高傲，更是外貌協會的一族。假如有人甘願做奴僕式的供驅使，即使醜一點，也會考慮選擇為伴侶的。

金錢運

（金牛座・紫微）的人，在金錢運上算是不錯的。也很會存錢，可以買一些房地產，但不一定守得住，會有近進出出的問題。命格中真正土多的人可以存得住房地產。

事業運

（金牛座・紫微）的人，在事業運上也算順利，但格局不大。可以做小主管或機構分部的主管。能做為大老闆的人很少，這是因為你們真正享福的時間多，算計雖多，但努力差那麼一點，況因此選擇舒適的環境呆著。因此事業做不大。

健康運

（金牛座・紫微）的人，在健康運上馬馬虎虎，常有小感冒或腸胃、消化道的小毛病，問題不大兩、三就好了。因此菜要小心心臟病、高血壓、腦溢血、中風等問題，或耳病、手足傷災。

磁場相合的星座與命格

（處女座・天府）♥♥♥♥♥
（摩羯座・天相）♥♥♥♥
（天蠍座・七殺）♥♥♥♥
（巨蟹座・天相）♥♥♥♥

不想與其溝通的星座與命格

（牡羊座・天機）

性格差大，彼此看不慣。

金牛座+紫府命格的人

命運特質

金牛座的『紫微・天府』坐命者，簡稱（金牛座・紫府）的人，同樣是命裡土多的人。很穩重，保守，很會計算錢財，財運也特佳，凡事謹慎，話不多、做事認真，讓人有信賴感。

（金牛座・紫府）的人，走大運順行大運的人，一生好運很多，生活舒適，物質享受很多。逆行大運的人，青少年運程不好，要到三十多歲才會發。

（金牛座・紫府）的人，都在龍年及狗年還會有『爆發運』。能得大財富。此命格的人多半沒有『陽梁昌祿』格，所以對唸書的興趣缺缺。

戀愛運

（金牛座・紫府）的人，的戀愛次數、與結婚次數真的很多。不過總找到不對的人。有時，多忍耐還是能到白首的。你們喜歡能照顧你們生活小節的人。

（金牛座・紫府）的人，容易婚姻不美，成年後的戀愛對象多是看著你的錢財而來的，令你寒心。因此容易有多次婚姻。你們也重視性關係的合諧，但不容易維持。掌握金錢財富才是你們立於不敗之地的法門。

金錢運

（金牛座・紫府）的人，通常來說是比一般人金錢運好太多了。因為你們

紫微＋土象星座

算命更準！

對金錢的敏感力超過太多人，有每隔七年有一次爆發運，不想發財也難。因此你們很會存錢與算帳。也會存有房地產。很多此命格的人是擁有多棟房子做寓公過活的。

事業運

（金牛座・紫府）的人，只會做最簡單直接賺錢的方式，也不會用太多腦筋來賺錢。因此做零售業、仲介業、或簡單的買賣業，能迅速入帳在口袋中就行了。因為你們有爆發運，所以也會每隔七年有機會賺到大錢，發大財。可是要成為集團大老闆，就要看你的主貴機運好不好了。

健康運

（金牛座・紫府）的人，一般健康情形還好。但要小心膀胱、脾臟等問題。有時有耳病。或淋巴的問題。也要小心乳癌，或生殖系統的毛病。

磁場相合的星座與命格

（處女座・七殺）♥♥♥♥♥

（摩羯座・天府）♥♥♥♥

（天蠍座・天府）♥♥♥♥

（巨蟹座・破軍）♥♥♥♥

不想與其溝通的星座與命格

（獅子座・破軍）

（獅子座・破軍）的人太愛花錢，（金牛座・紫府）的人太小氣，價值觀不同，彼此看不慣。

金牛座＋紫相命格的人

命運特質

金牛座的『紫微．天相』坐命者，因為生在金牛座，火土重，天相福星受到剋制，因此此命的人很悶，話更少。同樣也是『金牛座』中人數最多的。外型乖巧、體面、個性慢、受人尊重喜愛。但特別頑固，並不見得聽父母師長的話，凡事有自己看法。因為土蓋住水了，所以他有時會反叛現實，隨後又無疾而終。此命格的人一生都在反反復復的想法和後悔中度過。尤其夏天他內心最悶，秋冬時會心情開朗及工作順利。

金牛座的『紫微．天相』坐命者，有高超的理想，有時會不切實際，容易和上司、老闆合不來。性格急躁、自信心又強，佔有慾也強，容易鑽牛角尖。他們很愛打拼，財運也不錯，有時小心謹慎也會成為他們的長處。

戀愛運

（金牛座．紫相）的人，外貌長相氣派，人緣好、桃花強，是男女追逐的好對象。但他們並不見得精於戀愛手段，主要以性愛為主，不了解異性的內心想法，也無暇去揣摩。是故容易是雞同鴨講的局面，也易被配偶挑毛病嫌棄。你是頑固不改的人。因此總找到與他內心所想的不一樣的人，結婚後常因性格不合而爭執。

金錢運

（金牛座．紫相）的人，金錢運特

佳，也很愛存錢，生活愜意。但周圍環境和家人、朋友常讓他破財。因此他會很辛勞。不過即使如此，他還是可享受自己喜歡的舒適生活。他還是有餘錢來安排自己喜愛的享受的。

事業運

（金牛座・紫相）的人，在事業運方面必需靠自己經營規劃，才會有好的事業發展。並且首先要有遠大的理想和願望。因此這個命格的人，時常在創建自己的偉大理想，沒有理想他是活不下去的人。但理想常常會修正或改變，未來也不一定會實現。也可能理想就無疾而終了。只有少數人會繼續下去而成功的。

健康運

（金牛座・紫相）的人，在健康方面是十分好的。但要小心淋巴及膀胱方面的毛病。或水道系統的問題。

磁場相合的星座與命格

（處女座・七殺）♥♥♥♥♥

（摩羯座・天相）♥♥♥♥

（天蠍座・天同）♥♥♥♥

（巨蟹座・破軍）♥♥♥♥

不想與其溝通的星座與命格

（天蠍座・破軍）

（天蠍座・破軍）的人太愛算計和計較，（金牛座・紫相）的人喜歡衣食享受，彼此對事情看法與人生觀不同，彼此看不慣。

金牛座＋紫貪命格的人

命運特質

（金牛座・紫貪）的人，天生有很迷人的身材，為人性感，桃花運特別多。你會深受上司器重，因為你也很會拍馬屁，更有機會接近權貴，所以你升等、升官的機會很多。一生運氣比常人要好很多。

此星座的『紫貪』坐命者，也是命裡土多的人。但貪狼五行屬木，木會剋土，所以『金牛座的紫貪坐命者』在人數上是較少的。並且他們是火重，容易有『火貪格』及『鈴貪格』。會有爆發運，能突然獲得大財富或升大官的機會。

（金牛座・紫貪）的人，桃花運特強，你也比較好色。你更會利用桃花關係找到深懂生財之道的配偶。自然這個配偶或異性也會幫你升官發財。雖性格固執，但運氣始終很好。但仍要小心選擇桃花運的問題，以防損害自己的前程。

戀愛運

（金牛座・紫貪）的人，在戀愛運上真是太精彩了。他們從幼稚園開始便深知誘惑人的技巧，悶騷得很，常同時擄獲多名異性的心。此命格的人也是以性慾為主，更可輕鬆的同時擁有數名情人。不過最終他會選擇一位對他最有幫助的人，也同時具有性愛能力的人做配偶。

紫微＋土象星座 算命更準！

金錢運

（金牛座・紫貪）的人，其金錢運只是一般，因為桃花重，又愛享受，錢多半浪費在無關緊要的人緣關係上。但是他們賺得少，花得多，所以他們很羨慕會投資賺錢的人。因此他們會為自己找一個背景較富有的配偶。由此他們就能毫無匱乏的擁有優質的享受了。此命格有爆發運的人易有大財富。

事業運

（金牛座・紫貪）的人，在事業運方面，若是桃花運強的人反而事業運不強，只是普通上班族或軍警職的工作。有爆發運的人會有升官或升高職的機會，也會財運特佳。

健康運

（金牛座・紫貪）的人，一般都身體康健，但要小心高血壓、心臟病等，以及耳病。

磁場相合的星座與命格

（處女座・天府）♥♥♥♥♥
（摩羯座・天相）♥♥♥♥
（天蠍座・天梁）♥♥♥♥
（巨蟹座・七殺）♥♥♥♥

不想與其溝通的星座與命格

（牡羊座・天機）☃

（牡羊座・天機）的人太愛耍小聰明，又很沖，（金牛座・紫貪）的人不想與他囉嗦計較，懶得理他。

金牛座＋紫殺命格的人

命運特質

（金牛座・紫殺）的人，此星座的『紫殺』坐命者，也是命裡土多的人。七殺屬火金，故土會生更多金，因此其人更頑固，不會聽別人意見，獨斷獨行得更厲害。此命格的人也會有爆發運，多半爆發在事業上，再得大財富。即使如此他仍然又愛面子又吝嗇。

（金牛座・紫殺）的人，有苦幹的精神，以及對自己認定的事情有極端的耐力。對他們不感興趣的事情視若無睹，毫無感覺。此命格的人口才很好，很健談，但對他不感興趣的人和話題，他就很冷淡及沉默。

戀愛運

（金牛座・紫殺）的人，其人喜歡個性乖巧懦弱的情人和配偶。本身都有英雄主義，以自我為中心，因此喜歡另一半能依附於他。他喜歡自己一言九鼎的命令直達。因此多半娶矮個子又大胸脯的女性。或嫁給個性溫柔的好好先生。

金錢運

（金牛座・紫殺）的人，賺錢運很強，常有意外的財運。會在牛年、羊年有爆發運。因為財運不錯，往往會負擔養很多家人，或配偶的家人也一起養。他們也能積蓄錢財，或買房第產蓄財。

事業運

（金牛座・紫殺）的人，在事業運

方面，會做雜亂或粗重的工作。此命格的人是對賺錢不多的事沒與趣的。在他們沒與趣時就會懶惰。通常他們喜歡有職稱官位的工作。例如組長、主任、廠長之類，較難做個小兵丁或螺絲釘。此命格的人也不適合做文職，會賺不到很多錢。適合做武職（軍警職）、或開設工廠等職，會有很大的發展。也會發大財。

健康運

（金牛座・紫殺）的人，一般都很強壯，骨骼強硬。但要小心膀胱、尿道、淋巴系統、以及生殖系統的毛病。或乳癌、下腹部的問題。

磁場相合的星座與命格

（處女座・天府）❤❤❤❤❤
（摩羯座・天相）❤❤❤❤
（天蠍座・廉府）❤❤❤❤
（巨蟹座・廉相）❤❤❤❤

不想與其溝通的星座與命格

（天蠍座・武破）

（天蠍座・武破）的人有點陰險又凶，很強勢。（金牛座・紫殺）的人與之氣場不同，話不投機，彼此看不慣。

金牛座＋紫破命格的人

命運特質

（金牛座・紫破）的人，此星座的『紫破』坐命者，也是命裡土多的人。金牛座裡此命格的人數也少。因為破軍屬水，生月是火土月，水會被土蓋住了。雖然如此，但此命格的人仍然頑固、自我意識強。凡事大膽、肯打拼，敢於橫衝直撞，喜歡創業。因此人生常有開創格局。他們也喜歡理財，但要小心常挺而走險，因此大起大落會經常出現。

（金牛座・紫破）的人，因為被火土剋制，會身高不高，臉面有破相。其人生也會不安定。他又常對四周環境挑剔，常與人合不來。並且他們佔有慾強，慾望多，生活較放縱。

（金牛座・紫破）的人，喜歡理財，但花得比賺的多。機警而吝嗇，會把錢花在自己的享受上。

戀愛運

（金牛座・紫破）的人，其戀愛運極差。他們表面上很會挑選人，實際上運氣常不好，也遇不到自己心儀的對象。或是遇到了、交往了，又發覺完全不是那麼回事，因此內心很悵惘。後來他們根本不挑了。一生裡會有多次婚姻紀錄。有時戀愛也和人生起伏有關，不算順利。

金錢運

（金牛座・紫破）的人，多半沒有偏財運。而且賺的都是辛苦錢。他們要付出比一般人要多的勞力才能賺到錢。他們的理財能力不佳，常對帳務沒有概念，在花錢方面也守不住，因此常鬧窮。

事業運

（金牛座・紫破）的人，如果做文職或長相太秀氣的人，容易是『窮儒』色彩的人，一生也難富裕了。在事業方面，投資與理財的能力不佳，工作有多次起伏與反覆，也不順利。而且常會做沒有職稱的工作，或職位低的工作。事業運不算好。如果走政治圈或軍警業能升到高職位。

健康運

（金牛座・紫破）的人，一般健康運還好，但要小心糖尿病、脾臟、胃病，或淋巴系統的毛病。

磁場相合的星座與命格

（處女座・天相） ♥♥♥♥♥

（摩羯座・武相） ♥♥♥♥

（天蠍座・廉相） ♥♥♥♥

（巨蟹座・天梁） ♥♥♥

不想與其溝通的星座與命格

（獅子座・天機）

（獅子座・天機）的人太白目，會說出他人的缺點。（金牛座・紫破）的人太愛面子，會不高興，彼此看不慣。

金牛座＋天機命格的人

命運特質

（金牛座・天機）的人，是性格上有點衝突的人。給人感覺很精明、愛計較。做事勤奮，性子急，有時安靜有時話多，給人神經質的感覺。

（金牛座・天機）的人，是表面上保守，內心容易見異思遷的人，變化很快。天機五行屬木，和金牛座火土是相剋又相合的，所以此命格的人脾氣有點怪，性格有衝突。不過在人生運氣上，有的人運氣好，有的人運氣差，並不見得都一樣。但多半是在工作上是保守的上班族，即使去做生意，他們也會維持朝九晚五的工作流程，非常不喜歡加班。他們有固定的生活作息，也不會妄想發大財、做大官，是個能守本份的上班族。

戀愛運

（金牛座・天機）的人，在戀愛運上是隨機制的，也是大而化之型的。戀愛對象一定要對他們夠寬容，他們才會覺得有戀愛感覺。有時候他們會無理取鬧來試探對方對自己的容忍度。其怪異行徑會讓旁人為之驚訝不已。因此在戀愛上會多是非。婚後反而是非較少。

金錢運

（金牛座・天機）的人，在金錢運上始終不錯。因為他們有愛他們又多金的父母，總是源源不斷的供給他們金援。所以他們並不積極於賺錢。此命格的人只有三分之一的人有偏財運、爆發運。要靠自己發財幾乎不可能。正常上班能保生活無虞。

事業運

（金牛座・天機）的人，在事業運上通常也只是固定的上班族，過朝九晚五的薪水族生活。一般他們無大志，也不想太辛苦。有時他們是在家族事業中工作，謹守祖業也能愜意生活。

健康運

（金牛座・天機）的人，一般會有手足傷，和頭臉有破相。身體還好，但要小心肝、腎、肺部及大腸的毛病。也要小心性無能的問題。

磁場相合的星座與命格

（處女座・巨門）♥♥♥♥♥

（摩羯座・太陰）♥♥♥♥

（天蠍座・天相）♥♥♥♥

（巨蟹座・紫微）♥♥♥♥

不想與其溝通的星座與命格

（獅子座・武曲）

（獅子座・武曲）的人性格太硬、規矩多，又常教訓人。（金牛座・天機）的人常被數落，彼此看不慣。

金牛座＋機陰命格的人

命運特質

（金牛座・天機、太陰）的人，是聰明腦筋靈活的人。凡事很敏感，性格陰晴不定。他們喜歡用第六感或靈感來決定事情或人生的方向。

（金牛座・機陰）的人，生於金牛座，火土重，天機和火土相生又相剋。太陰的水被火土蓋住了。所以仍然是固執的人。只相信自己信服的事，凡事很鐵齒。一生容易起伏不定，喜東奔西跑，是個驛馬很強的人，容易搬家和調職。所以做上班族較好。勞碌和動盪的人生會較平靜一些。此命格的人脾氣不太好，但一會兒好一會兒壞，變化很快，但很快連自己都忘記了。容易有車禍傷災，要多小心！

戀愛運

（金牛座．機陰）的人，其戀愛運很好很多。他們喜歡談戀愛。對異性也極具魅力。但因為自己無法控制情緒的起伏，也常會鬧情緒，是故戀愛也是起起伏伏不易長久的。而且他們常喜試探情人的忠誠度或聽話的程度，會故意鬧脾氣或分手，結果會弄假成真。他們喜歡寬大為懷的人做佩偶，至少要能容忍他們的任性及胡鬧。所以選太陽或天同坐命的人來戀愛或結婚較好。

金錢運

（金牛座．機陰）的人，在金錢運

紫微＋土象星座

算命更準！

方面試上班族格局的財富。一般要天天上班領薪水才能過日子。通常他們的父母較有錢，能得遺產。如果做生意，他們的收入就會起起伏伏不穩定了。

事業運

（金牛座・機陰）的人，在事業運方面，其人的工作多半是熟人或長輩介紹的。在工作上會有貴人照顧，無論升職、升官也容易是貴人推薦提拔的，十分好命。但如果要成為大企業老闆還有很長的路要走。但你們常因環境變遷或心境的問題，而變換工作，甚至變換業種跨行，因此也容易從新開始。

健康運

（金牛座・機陰）的人，一般健康都不錯，但要小心胃部、脾臟的問題，以及性生活方面的問題。

磁場相合的星座與命格

（處女座・太陽）❤❤❤❤❤

（摩羯座・天機）❤❤❤❤

（天蠍座・天同）❤❤❤❤

（巨蟹座・巨門）❤❤❤❤

不想與其溝通的星座與命格

（雙魚座・破軍）

（雙魚座・破軍）的人情緒及性格更加起伏不定，（金牛座・機陰）的人也被打敗了，彼此看不慣。

金牛座＋機梁命格的人

命運特質

（金牛座・天機、天梁）的人，天機屬木，天梁屬土，本身就木土相剋，生於金牛座火土旺，會天梁更旺一些，蔭庇及復建的力量更強。性格固執，腦力激盪很靈活，常喜歡為人出主意、做軍師，以增加自己的權威感。但是他只是出一張嘴的人，行不行得通他是完全不負責的，會置身事外，好像事不關己似的。

（金牛座・機梁）的人，口才好，善於辯論，通常會有一技在身，會做個上班族，也可能在家族事業中工作。他們具有蔭庇，能得長輩及上司、老闆的喜愛。同事間會是非多，相處不算融洽。他們會有壞朋友，常遭騙或吃虧。是半年運氣好、半年運氣壞的命格。

戀愛運

（金牛座・機梁）的人，很喜歡口才好、喜歡說笑話，能常跟他聊天打屁的人。他不在乎情人是否說的是真話，只要有趣就好。彼此吵吵鬧鬧的過日子，他就很快樂了。如果會吵到分手，那一定是金錢問題擺不平。

金錢運

（金牛座・機梁）的人，在金錢運上是固定的薪資收入。有時長輩父母會給錢。老闆、上司有時也會給加班費。

他們更好命的是有『武貪格』的爆發運，時間在牛年、羊年，如果格局大的話，能一夜致富。

事業運

（金牛座・機梁）的人，是標準的薪水族、上班族。通常他們的事業發展不大，而且是個膽小之人，一聽到公司有困難，他會先跑的人。如果在家族企業上班，通常他會蕭規曹隨，很懶惰的應付工作，一天到晚想去外面工作，但又不行動。他適合做與口才有關的工作。例如訓練員工、銷售員、保險員等。

健康運

（金牛座・機梁）的人，其健康運還不錯。但要小心脾胃的毛病，以及肝膽、手足傷、臉面有破相等問題。也要小心火氣大、腸部便秘的問題。

磁場相合的星座與命格

（處女座・太陽）♥♥♥♥♥

（摩羯座・巨門）♥♥♥♥

（天蠍座・天同）♥♥♥♥

（巨蟹座・太陰）♥♥♥♥

不想與其溝通的星座與命格

（射手座・破軍）

（射手座・破軍）的人與其磁場不合，（金牛座・機梁）的人注重家族活動，（射手座・破軍）的人喜歡往外跑，與家人不關心，況且價值觀也不同，彼此看不慣。

金牛座＋機巨命格的人

命運特質

（金牛座・天機、巨門）的人，天機屬木，巨門屬水，生於金牛座，火土會剋水，但天機是旺的。故是智慧高、口才普通的人。但個性頑固、給人個性古怪的感覺。通常他們有很好的家世背景，父母都是有教養或地位高的人。因此他們性格驕傲，不愛理人。他們可允文允武，文的可在學術機構有發展。武的可任軍警職高官。他們是適合公務員資格的人。

（金牛座・機巨）的人，一生都是非多，也多半為人清高，貴人少，一切都要靠自己努力，非常辛苦。不過經過努力之後，其人的成就也會很高。

另一些的（金牛座・機巨）的人，既不讀書又不做軍警職的人，會在民營企業或打零工維生，自然也談不上成就了。雖然他們也喜歡談理財，但成績普通。

戀愛運

（金牛座・機巨）的人，在戀愛運上是起起伏伏變化多端的。有時候喜、有時候憂，這也和他們本身的情緒有關。雖然他們的戀愛經驗多，但不見得時常順利，常過段時間就換一個情人。這也和他們喜歡變化與常與人有是非口角有關。情人也受不了他們的挑剔行為。

紫微＋土象星座

算命更準！

金錢運

（金牛座・機巨）的人，其金錢運是薪水族的財運，但很穩定，也會有積蓄。雖然他們智會很高，也會用科學方法、運用數學或計算方法來賺錢理財，但保守的投資心態，成果不大。但他們即使賺得不多，也會生活得很好。

事業運

（金牛座・機巨）的人，在事業運上是固定工作的上班族模式。他們很能吃苦，必須要在工作上有名聲，其事業運才會飛騰。如果在虎年或猴年有爆發運的話，是極容易出大名，名揚四海的。

健康運

（金牛座・機巨）的人，一般看起來身體很好，很硬朗。但要小心淋巴系統、血液系統或膀胱、尿道、腎臟等問題。

磁場相合的星座與命格

（處女座・太陰） ♥♥♥♥♥

（摩羯座・天同） ♥♥♥♥

（天蠍座・太陽） ♥♥♥♥

（巨蟹座・陽巨） ♥♥♥♥

不想與其溝通的星座與命格

（雙魚座・破軍）

（雙魚座・破軍）的人太感情化，又易於受騙。（金牛座・機巨）的人根本無法忍受其人太笨，這是兩個世界的人，彼此看不慣。

金牛座＋太陽命格的人

命運特質

（金牛座‧太陽）的人，有圓形大臉，性格直爽，說話大聲，身材壯碩。好動，不拘小節。並且有寬大的胸襟。生於金牛座的人，也會有固執、保守、自信心強的特點。他們容易心軟，會吃軟不吃硬。因為是金牛座生於春夏之交的時節，太陽主旺氣，故一生的命運會比秋冬生的太陽命格的人好。

（金牛座‧太陽）的人，是坦白而沒有心機的人。通常他們理財能力較差，但金牛座的人很愛賺錢，命宮中有化權、化祿的人一生財運都很好。而且能有名聲。是財官雙美的人。命格中有『陽梁昌祿』貴格的人更會有高學歷及大事業。

戀愛運

（金牛座‧太陽）的人，其戀愛運很平順。因為他們無論男女都落落大方的姿態，很吸引人。有些人會早婚，有些會晚婚。但多數人會覺得婚後的愛情如白開水淡而無味，因此有些人會外遇，來尋求愛情。常找尋一圈又回家了。

金錢運

（金牛座‧太陽）的人，其金錢運常是公務員的薪水之資。或上班族的薪資。通常他們不會做生意，怕麻煩。每月有固定的錢進帳，對他們來說是最好的了。有些人會有家財（父母或祖先留的財產），因此管理這些房地產或銀行存款也生活愜意。

事業運

（金牛座・太陽）的人，其事業運多半與口才與是非有關。例如做教育界、教師、保險業、廣播員。或律師、法官、宣傳員、或政府官員等。一生事業有起有落。此命格的人必先有名聲，才能得大富貴。

健康運

（金牛座・太陽）的人，一般身體強壯，但要小心高血壓、心臟病，以及腦中風等的疾病。有些人要小心糖尿病和高血脂、及膽固醇過高的毛病。

磁場相合的星座與命格

（處女座・天梁）❤❤❤❤❤
（摩羯座・天同）❤❤❤❤
（天蠍座・太陰）❤❤❤❤
（雙魚座・巨門）❤❤❤❤

不想與其溝通的星座與命格

（天蠍座・破軍）

（天蠍座・破軍）的人什麼都敢說，膽大妄為（金牛座・太陽）的人搞不過他，不想跟他鬥，看不慣他。

金牛座＋陽梁命格的人

命運特質

（金牛座．太陽、天梁）的人，也算是火土重的人，有固執的性格，事業心強，野心很大，是喜歡做大事業的人。通常他會人緣好，受長輩喜愛，會對他特別照顧。

（金牛座．陽梁）的人，有慈愛心，喜歡管別人的閒事。此命格的女子也會像男性一樣，具有較重的事業心，和俠義的男子氣概。不過此命格的人容易被情所困，桃花多，而影響事業及成就。

（金牛座．陽梁）的人，命格中有貴格『陽梁昌祿格』的人會有高學歷與成就。沒有貴格的人，一生多起伏不定。

戀愛運

（金牛座・陽梁）的人，一生桃花多，戀愛不斷，會影響學業和事業。你們天生討男人或女人的喜歡，長輩緣又好，所以你們很容易被愛情俘擄。

金錢運

（金牛座・陽梁）的人，其金錢運還不錯，適合在銀行上班，或做寓公收房租過日子。通常你們都有較富有的雙親，會有家產照顧你們。或家裡有好的關係會介紹好的工作給你們，一生生活無憂。有貴格的人，會賺名揚四海大名聲的錢。

事業運

（金牛座．陽梁）的人，其事業運可高可低，你們並不在乎地位的稱謂，只想做一些對人生有意義的事。最適合做慈善事業，照顧弱勢族群。也適合做養生事業。命宮在酉宮的人，會開國術館，做跌打損傷的師傅。或雲遊四海的五術遊士。

（金牛座．陽梁）的人，命格中有貴格『陽梁昌祿格』的人會有高學歷及名揚天下。會用讀書或寫作，或專業知識、技術來四海揚名。沒有貴格的人，會是一般的上班族或收房租過日子。

健康運

（金牛座．陽梁）的人，一般都身體強健，但要小心脾胃的問題，高血壓、腦血管的問題、或糖尿病、皮膚病。丑時、巳時生人要小心癌症。

磁場相合的星座與命格

（處女座．太陰）♥♥♥♥♥

（摩羯座．巨門）♥♥♥♥

（天蠍座．天同）♥♥♥♥

（巨蟹座．同巨）♥♥♥♥

不想與其溝通的星座與命格

（天蠍座．七殺）☃

（天蠍座．七殺）的人太喜歡管他，（金牛座．陽梁）的人不喜歡被管，人生的理想與價值觀不同。

金牛座＋日月命格的人

命運特質

（金牛座・太陽、太陰）的人，是個容易急躁，情緒易起伏不定，好動，又辛苦忙祿的人。他們做事容易三心二意，沒有恆心，但內心固執，也不願意說出來，所以總讓人覺得此人很彆扭。

（金牛座・日月）的人，因為生於春夏之交，太陽的力量較強，因此性格上沒那麼陰鬱了。此命格的人一生受自己性格影響命運很深。不過（金牛座・日月）的人，還是比其他星座的日月坐命者運氣要好很多。

（金牛座・日月）的人，無論男女對異性都具有極大的魅力，因此一生中還是以戀愛為人生目標，比較不重事業。

戀愛運

（金牛座・日月）的人，多半以戀愛為人生目標，常換戀人，因為總要找到能侍候他們心情的人做情人才好。不過最後真的能找到這種人。只是過程中也是坎坎坷坷，幾進起伏的。其實尋尋覓覓，就像沙灘上撿貝殼一樣，還是初戀情人最好。

金錢運

（金牛座・日月）的人，其金錢運是標準薪水族的財運。如果父母有錢，他們也會生活富裕。如果要靠自己賺錢，就會一年好一年壞的起伏不定了。不過大運好的話，也能有十年舒服日子可過。

事業運

（金牛座・日月）的人，其事業運是不強的，一方面缺乏貴人提攜。一方面他們並不善於競爭或向上，再之他們喜歡談戀愛，對事業沒有企圖心，因此事業運不佳。

健康運

（金牛座・日月）的人，因為生於春夏之交，火土重一點，一般人身體還好，但要小心有膿血之症。還要小心血液的濃度太濃的問題。或血液中有雜質。要小心一切與血液有關的問題。

磁場相合的星座與命格

（處女座・天同）♥♥♥♥♥

（摩羯座・天相）♥♥♥♥

（天蠍座・同巨）♥♥♥♥

（雙魚座・破軍）♥♥♥♥

不想與其溝通的星座與命格

（天蠍座・廉貪）

（天蠍座・廉貪）的人個性直，說話難聽，又不會哄人，（金牛座・日月）與他磁場不同，話不投機，彼此看不慣。

金牛座＋陽巨命格的人

命運特質

（金牛座・太陽、巨門）的人，口才，喜歡講話，個性大咧咧的，嗓門大，好吹噓，看似熱情，但容易惹口舌是非。脾氣有時火爆，其實是個直腸子，不太用心眼。

（金牛座・陽巨）的人，因為生於春夏之交，太陽更旺，巨門屬水會被剋較弱，因此你會脾氣急，卻更寬宏不計仇。如果有祿星入財、官的人會有平順多財的人生。但你們的人生充滿競爭，凡事都要競爭而得。命格中有『天刑』又帶祿的人會做法官，人生格局大一點。

（金牛座・陽巨）的人，一生命運也是起起伏伏的，因為在你們的命盤上有四個空宮，又有廉破和天相陷落兩個衰運，所以天生是比別人辛苦一點的。不過只要努力還是有出頭天的。

戀愛運

（金牛座・陽巨）的人，因為生於春夏之交，太陽更旺，其人帶有陽剛的魅力，無論男女，都受異性的青睞，你們又口才好，善於談心論理，更容易找到知心人。但是要小心也容易找到已婚者，做了小三而不能自拔。

金錢運

（金牛座・陽巨）的人，是『機月同梁』格薪水族的資用。因為父母大多不富裕，所以你只能靠外來的運氣向外發展來得財。丑、未年有爆發運，能得大財富，必須好好把握。但也必須學習理財技術，否則財來財去一場空。

事業運

（金牛座・陽巨）的人，一般人的事業運不強。有祿星在命、財、官、遷四宮的人會有點事業。有天刑的人會做法官。命中財多的人會做生意人。因為口才好，保險經紀、老師、律師、解說員、教育訓練員、接線生、司法人員、醫護員都很適合。

健康運

（金牛座・陽巨）的人，其健康情形，表面看起來都還健康，但中年以後要小心病痛。要小心膿血之症、開刀、淋巴系統的毛病、或大腸、肺部、消化系統潰爛、高血壓、心臟病等。

磁場相合的星座與命格

（處女座・同陰）❤❤❤❤❤
（摩羯座・天同）❤❤❤❤
（天蠍座・天相）❤❤❤❤
（巨蟹座・太陰）❤❤❤❤

不想與其溝通的星座與命格

（天蠍座・武破）☃

（天蠍座・武破）的人性格剛硬有計謀，（金牛座・陽巨）的人雖話多，但好像踢到鐵板，不受重視與理會。

金牛座＋武曲命格的人

命運特質

（金牛座‧武曲）的人，因為是金牛座火土重，會話少，個性更加頑固，脾氣又臭又硬，但器量寬宏，脾氣快發快過，不記仇，重承諾。負責任。

（金牛座‧武曲）的人，是個性不夠圓滑的人，喜怒哀樂都會表現在臉上，有時很難變通。做事一板一眼，十分勤奮。但有勇無謀的人，善於打拼、節儉守財的人。

（金牛座‧武曲）的人，本命有『武貪格』爆發運，因此人生得到大富貴的機會比別人多，算是十分好運的人。其人一生以財富為主，比較不主貴。

戀愛運

（金牛座‧武曲）的人，其戀愛運注重實際，喜歡找對自己有幫助的人做情人或配偶。如果沒有幫助就及早說拜拜了。他們也希望自己的配偶會自立工作，不要依賴他們生活。通常他們的戀愛運不強，由其中年會更吝嗇財務而失去戀愛機會。

金錢運

（金牛座‧武曲）的人，其金錢運十分好，賺錢較容易，但他們會用一種較笨較傳統的方法賺錢。他們天生與金錢關係較接近，很容易賺到他們想要的錢財。另一方面他們用較笨的方法理財，也能儲存到他們想要擁有的財富。

紫微＋土象星座 算命更準！

龍年、狗年是你們擁有爆發運的時候，要好好把握！

事業運

（金牛座・武曲）的人，其事業運非常順暢，可做企業的主管或老闆，如果從軍警職也能升高官。並可在工作的職位上掌握財權以管理財務。你們喜歡賺的是大錢，不在乎小錢。理財能力雖不見得好，但卻是最會賺錢的人。但最終只是命格主貴的人才能擁有大財富。

健康運

（金牛座・武曲）的人，一般健康運不錯，但要小心大腸和消化系統的問題，以及肺部、支氣管炎、大腸癌、糖尿病及泌尿系統、膀胱等問題。

磁場相合的星座與命格

（處女座・紫府）❤❤❤❤❤

（摩羯座・廉相）❤❤❤❤

（射手座・武貪）❤❤❤❤

（巨蟹座・武相）❤❤❤❤

不想與其溝通的星座與命格

（天蠍座・廉破）

（天蠍座・廉破）的人言行都大膽、不重法度，（金牛座・武曲）的人太小氣，人生目標和價值觀不同，彼此看不慣。

金牛座＋武府命格的人

命運特質

（金牛座・武曲、天府）的人，外表溫和，內心剛直、固執、吝嗇。一生忙碌，是個對工作很認真的人。通常與父母兄弟姊妹的感情都不錯，但與配偶卻感情不睦。六親關係中必有一破。

（金牛座・武曲、天府）的人，因生於春夏之交，火土重，本命中的天府會旺一些，武曲會弱一些，火土難生金，故此命格的人會精於存錢儲蓄，但生財的力量弱一些。一生辛苦打拼，只是為了賺錢。命中有貴格的人，其人生格局高一些，可做大官。無貴格的人只會是公門小吏或小生意人。一生有起起伏伏。

戀愛運

（金牛座・武府）的人，其戀愛運都不算順利，因為你們會喜歡和你們思想方式或生活方式不一樣的人。也就是說你們容易看錯人，總是找到價值觀與你們不同的人來戀愛及結婚。所以總是自找苦吃。再加上你們性格剛直，不知道拐彎，因此容易在感情的路上受傷。

金錢運

（金牛座・武府）的人，其金錢運看似很好，其實是你們愛存錢。一分一毫都是辛辛苦苦積攢下來的。你們十分摳門，對錢財小心。平常也要花很多腦筋去想賺錢的事，因此也算是辛苦經營才能積存到財富。你們是一生小心翼翼守財的人。

事業運

（金牛座・武府）的人，其事業運是非常順利的，通常你們都能找到極優的賺錢方法。也能貫徹始終的努力打拼工作。你們不一定在金融機構工作，大多數在公家機構工作。如果是做生意反而做不大，因為你們吝嗇於投資，反而保守小氣而無法生大財。若有『火貪格』的人可發大財。

健康運

（金牛座・武府）的人，身體看起來不錯，但要小心心肺功能和膀胱、生殖系統的毛病，也怕乳癌、下半身寒涼、腹痛等毛病。

磁場相合的星座與命格

（處女座・七殺）♥♥♥♥♥
（摩羯座・紫相）♥♥♥♥
（天蠍座・天同）♥♥♥♥
（巨蟹座・紫殺）♥♥♥♥

不想與其溝通的星座與命格

（射手座・破軍）

（射手座・破軍）的人太愛自由與花錢，（金牛座・武府）的人又太小氣，價值觀不同，彼此看不慣。

金牛座＋武相命格的人

命運特質

（金牛座・武相）的人，一生是享福的命，但金牛座的此命格的人因火土重，命格中的天相被土剋而虛弱，武曲屬金，火土不生金，故享福也少，會較勞碌。財也較少，會為錢辛苦。此命格的人雖頑固，喜歡理財，但中氣不足，做事不長久，容易窮忙。一生為衣食而忙。

（金牛座・武相）的人，如果命格中有貴格，會有做官的機會，人生層次較高。否則做個衣食類的小生意人自己營生。

戀愛運

（金牛座・武相）的人，其戀愛運大多很晚，也會晚婚。因為你們不了解異性，也不了解戀愛的方法，常誤以為別人都跟你一樣。另一方面你們太愛享福，希望別人來照顧你、侍候你，自己付出的少。有好機會也跑了。只有愛享福的人才會黏著你，跟你一起享福。也容易找到不富裕的人結婚，一生為生活奔忙。

金錢運

（金牛座・武相）的人，其金錢運是手中一直有小錢，衣食無虞。若須要賺大錢，要看命中財富的多寡。通常你們的父母會對你好，有家業會傳給你，所以你有現成的可享受，此命格的人會心情悶，反而不利財運。多外出旅遊或運動會財運大開。

事業運

（金牛座・武相）的人，其事業運極佳，可做老闆或主管。或做衣食類的商人也不錯，但你們愛享福，通常不愛辛苦，有時會打拼，但時間只有一下下，不長久。生於金牛座的人雖很勞祿，也常白忙，宜看好運氣急追努力，才能打開好的事業運。

健康運

（金牛座・武相）的人，外表還不錯，但要小心脾胃的毛病，糖尿病、火氣重、常感冒、肺部、支氣管炎、大腸疾病、便秘、心血管疾病、高血壓等。

磁場相合的星座與命格

（處女座・破軍）❤❤❤❤
（摩羯座・紫相）❤❤❤
（天蠍座・天同）❤❤❤
（巨蟹座・破軍）❤❤❤

不想與其溝通的星座與命格

（巨蟹座・天機）

（巨蟹座．天機）的人太愛搞怪，（金牛座．武相）的人不勝應付，做事方法與人生觀不同，彼此看不慣。

金牛座＋武貪命格的人

命運特質

（金牛座・武貪）的人，是固執、話少，運氣特別好的人。他們有自己的預知能力，與特有的思想模式。不輕易相信別人，只相信自己，若有一次背離，便終生不再相信了。

（金牛座・武貪）的人，一生有多次爆發運，生於金牛座，火土雖重，但爆發運也強。命格主貴者，能做國際級企業集團負責人。一般人也能有好的財運。但會一生大起大落。不過到牛、羊年總能翻身。

（金牛座・武貪）的人，和家人相處關係和睦，更會有好的配偶幫忙存錢聚財。

戀愛運

（金牛座・武貪）的人，多半晚婚，但特殊的財氣會吸引人來接近他。當然異性也是聞財而來的人。不過此命格的人很會挑，一定會挑一個會存錢理財的人做配偶。如果配偶不合格便很容易離婚。

金錢運

（金牛座・武貪）的人，人很吝嗇，會賺錢但手頭鬆，並不會理財，所以他很重視配偶的理財能力，要幫他積蓄財富。他在牛、羊年都有爆發運，會累積財富。但在兔、雞年會衰運破敗，所以

紫微＋土象星座
算命更準！

人生會大起大落。如果大運持續好三個大運，他便能成為億萬富翁。金牛座此命格的人成為億萬富翁應該是人數最多的人。

事業運

（金牛座・武貪）的人，都能有好運做到很優。你們一生忙碌，辛苦打拼，在牛、羊年都有爆發運，有時是爆發在事業上又發大財而成功的，所以事業和財運是一體的。你們雖對人對事都吝嗇，但勇於投資，當爆發運也降臨時，這也是你們能抓住機會發大財的原因。

健康運

（金牛座・武貪）的人，身體健壯。要小心肺部、支氣管炎、大腸、消化系統的問題，以及心臟病、高血壓，頭痛症。還有四肢酸痛的問題。

磁場相合的星座與命格

（處女座・紫微）♥♥♥♥
（摩羯座・天府）♥♥♥
（天蠍座・武曲）♥♥♥♥
（巨蟹座・廉府）♥♥♥♥

不想與其溝通的星座與命格

（雙魚座・天機）

（雙魚座・天機）的人愛哭又愛耍沒用的小聰明，（金牛座・武貪）的人既爽直又吝嗇，討厭婆婆媽媽不乾脆，彼此看不慣。

金牛座+武殺命格的人

命運特質

（金牛座・武殺）的人，也是春夏之交火土重的人，武曲、七殺都屬金，被火剋及蒙塵。因此此時的此命格的人，脾氣火爆、頑固，又悶在心中，容易操勞，心思困頓。

（金牛座・武殺）的人，性格剛毅，在卯宮坐命的人要比坐命酉宮的人財富多及命好。因為命盤中有『日月居旺』格局。又加上遷移宮的天府居旺財多。

（金牛座・武殺）的人，一生打拼，從武職（軍警業）會有高官厚祿。從文職財官不豐。理財能力不好，人生命運在中年必有起伏，要忍耐渡過。

戀愛運

（金牛座・武殺）的人，其人的戀愛運很順利。一定會找到一個能幫忙你的好幫手。你在感情世界很穩定。看到自己喜歡的對象就一眼認定了，毫不後悔。對方也是個乖巧董事，能對你惺惺相惜的人。

金錢運

（金牛座・武殺）的人，的金錢運不算好，手邊能使用的錢財很少。武殺坐命者是一個大將軍，必須外出爭戰才有功勞財富，因此沒有外出打拼爭戰就沒有功勞財富。做文職的人也薪資財少。故而他們會為人吝嗇小氣，平常捨不得花錢，生活節儉，但有時會被人騙去大筆金錢，痛恨不已。

事業運

（金牛座・武殺）的人，其事業運算不錯，努力辛苦、勞心勞力，可做到高級將領的職務。也就是一個集團的首領人物。因為你們對錢財並不看重，看中的是名聲和功勞，所以你們會奮力追求人生最高的目標。

健康運

（金牛座・武殺）的人，大體上健康十分良好。但要小心膀胱、生殖系統、及下腹部寒涼的問題。女性也要小心乳癌、卵巢、子宮等問題。男性要小心輸精管、尿道、攝護腺等問題。

磁場相合的星座與命格

（處女座・天府）❤❤❤❤❤
（摩羯座・紫破）❤❤❤❤
（天蠍座・廉貪）❤❤❤❤
（巨蟹座・紫府）❤❤❤❤

不想與其溝通的星座與命格

（雙魚座・巨門）

（雙魚座・巨門）的人非常情緒化，口才犀利厲害，（金牛座・武殺）的人敵不過他，彼此看不慣。

金牛座＋武破命格的人

命運特質

（金牛座・武曲、破軍）坐命的人，你們因為生在春夏之交，火土旺，本命的武曲五行屬金，破軍屬水，是故被剋。不過外型較高挺拔、帥氣。性格悶，話少。

（金牛座・武破）的人，是性格直爽、敢衝，天不怕地不怕的人。但生於金牛座則固執依然，會有點有志難伸的狀態。你一生的命運本是要打破舊規舊俗，要開創新局，創造新秩序的人。但生於金牛座，就會有點懶洋洋的，意與闌珊。不過有時候你們還是會努力去做。例如運氣走金水年或金水月份時，你們就會奮發向上，創造一些成功的績業了。你們人生總有一破，有的在青少年時代，有的在中老年。有宗教信仰能平安渡過。

戀愛運

（金牛座・武破）的人，你們喜歡漂亮美麗的人、事、物。但並不一定清楚自己的感情內涵，所以常隨外在環境變化，看遇到什麼人就和什麼人在一起。其實也不挑的。常有露水姻緣和二婚、三婚的人戀愛或結婚，是毫不忌諱的人。

金錢運

（金牛座・武破）的人，其人的金

錢運是要非常辛苦所得的。所以做上班族、軍警業對你來說會簡單順遂的多。你又比較愛享受，有固定的進財會保障你的生活之需。如果卯、酉年有偏財運的人，會比別人得財多一些，但人生爆起爆落的現象也十分明顯。

事業運

（金牛座‧武破）的人，在事業運上是特別有好運，且可做到主管及最高領導地位的。適合做軍警業、向外拓展業務人員、或情報蒐集人員、或極為辛苦危險的工作。若做文職會窮困。作辛苦危險的工作會賺得多。

健康運

（金牛座‧武破）的人，大致健康，要小心糖尿病、脾胃、內分泌及淋巴系統的病症。傷災及車禍等。

磁場相合的星座與命格

（處女座‧天相）♥♥♥♥

（摩羯座‧紫貪）♥♥♥

（天蠍座‧紫相）♥♥♥

（巨蟹座‧廉相）♥♥♥

不想與其溝通的星座與命格

（雙子座‧陽巨）

（雙子座‧陽巨）的人太白目又吵，口才鋒利，（金牛座‧武破）的人受不了，會直接衝突吵架，彼此看不慣。

金牛座＋天同命格的人

命運特質

（金牛座•天同）的人，是性格溫和，有點小孩子氣的人。平常不想與人有是非，但也容易被人欺負。但好脾氣的他們不是沒脾氣的，一旦發起脾氣來也挺嚇人的。

（金牛座•天同）的人，本命是福星，特愛享福及玩樂。天同五行屬水，生在金牛座被剋，火土重，水易被吸乾，因此此命格的人腎臟會較弱，而且易怒，操勞多。有些辛苦。財也會少，要更辛苦來得。

（金牛座•天同）的人，一生以享福的多寡為命運主軸。命中財福旺的享福多。財福少的易早夭。天同的人總會被『巨門』的人所糾纏，但他們也有辦法安撫他。但（金牛座•天同）的人，會在內心嘀咕半天。

戀愛運

（金牛座•天同）的人，其人的戀愛運會時有起伏，你們喜歡聰明的對象，不喜歡愚笨的人。因為自己也很害怕被人說笨。但你們很容易被人抓到弱點，容易被人控制，要小心不要找到恐怖情人，以防有失誤。

金錢運

（金牛座•天同）的人，其金錢運很穩定，有的是家人父母長輩所給，有的必須自己賺。你們是『機月同梁』格的人，有固定薪水會使你生活穩定。穩定就是福！

事業運

（金牛座・天同）的人，會做固定薪水的工作。會任勞任怨，脾氣又好，很得人心。如果運氣好的話，命宮有化權的人能做大老闆或主管。也會坐上高級領導人的位置。你們很能調解糾紛，善於調解人際關係，企業團體有了你這顆福星，業務會蒸蒸日上。不過，即使你做了CEO，你還是會領薪水過日子。你們很少喜歡向外投資的。

健康運

（金牛座・天同）的人，你們外表健康，但要小心肺部、支氣管炎、大腸、免疫能力下降、肝腎、腰痠背痛等問題。

磁場相合的星座與命格

（處女座・天相） ❤❤❤❤

（摩羯座・天府） ❤❤❤

（天蠍座・巨門） ❤❤❤

（巨蟹座・天梁） ❤❤❤

不想與其溝通的星座與命格

（獅子座・廉破）

（獅子座・廉破）的人太兇，（金牛座・天同）的人話少、外表軟弱內心固執，容易被欺負而記恨，彼此看不慣。

金牛座＋同陰命格的人

命運特質

（金牛座•天同、太陰）的人，是外表有優雅、溫柔氣質的人。天同、太陰都是五行屬水的星，生於春夏之交，被火土剋。因此金牛座的此命格的人，平常會懶洋洋的，但又很操勞，內心容易悶，話少，內心更固執。煩惱也多。本來是喜歡享福和談戀愛的命格，此時會稍有不順。

（金牛座•同陰）的人，一生以愛情與錢財為主，陽男陰女大運較佳。陰南陽女逆行大運，人生起伏較辛苦。不過你們都有隨遇而安的性格，命運中也有偏財運和貴人，因此還是能在生活中享受戀愛和衣食之樂的。

戀愛運

（金牛座•同陰）的人，主要是以戀愛運為人生主軸。隨時隨地都能戀愛，也都有艷遇。當然戀愛對象也往往是他們財富的來源。所以此命格的人是不戀愛不行的。即使婚後也仍然桃花運不斷。

金錢運

（金牛座•同陰）的人，其金錢運是『機月同梁』格的格局。這是要靠自己賺的、辛苦打拼的生活之資。但你們有戀愛資本，無論男女都外型姣好，常

紫微＋土象星座算命更準！

常有財多的異性包養或金錢資助。再加上你們都會在牛、羊年有爆發運，能得大財富。因此比別人金錢運要好。

事業運

（金牛座・同陰）的人，其事業運也是『機月同梁』格的格局。要做公務員或薪水族，生活可平順。如果命格中有權、祿、科的人，事業可更上一層樓，也能做到官員以上層級。有『馬頭帶箭』格的人，能做大將軍，威震沙場。

健康運

（金牛座・同陰）的人，一般算健康。因為水被火土所剋，要小心腎臟的問題、眼睛不好，肺部及肝腎問題。以及手足之災，還有傷風感冒、膀胱、乳癌、生殖系統的問題。

磁場相合的星座與命格

（處女座・機梁）♥♥♥♥♥
（摩羯座・太陽）♥♥♥♥
（天蠍座・巨門）♥♥♥♥
（巨蟹座・陽梁）♥♥♥♥

不想與其溝通的星座與命格

（天蠍座・紫破）

（天蠍座・紫破）的人很會挑別人的毛病，（金牛座・同陰）的人本性有些嬌氣，無法忍受，彼此看不慣。

金牛座＋同梁命格的人

命運特質

（金牛座•天同、天梁）的人，本命『同梁』已是有些對沖了。天同屬水，天梁屬土，土蓋住水了。又是金牛座，生於春夏之交，火土更重，是故天同福星很弱。是享福少，要復建的事情較多。因為當你們出生時便是家中有問題須要你們來平復的。你會是個內心固執，天生有硬脾氣，從不認錯。更會掩飾自己的過錯。喜歡享樂與忙些口舌是非的事情，自己家的事不愛管，也管不著。喜歡照顧弱勢、弱質人、事、物。

（金牛座•同梁）的人，一生多智謀，但未必能成大事。因為常在重要的時刻自作聰明而失敗。此命格的人只要一生好好工作，做個固定的上班族，就能一生平順。

戀愛運

（金牛座•同梁）的人，其戀愛運很多、很強。因為你們口才好，很會說，再碰到對方也善聊的人就一拍即合了。你們特別喜歡聰明、善辯的對象，並將他們當作偶像般的崇拜。所以能隨時隨地的戀愛。即使婚後，也常遇到心儀的對象，故也是外遇第一名的人。

金錢運

（金牛座•同梁）的人，其金錢運

紫微＋土象星座
算命更準！

是『機月同梁』格的格局。運氣好的話，能擁有財多官高、又喜愛花錢的朋友能幫助你增加財富。或娶個有幫夫運的老婆帶財富給你。

事業運

（金牛座・同梁）的人，是靠聰明才智而擁有工作的。所以你最好有發明物品的能力，或教書為業。同時你也是做里長伯的好人選。因為你喜歡聊天開講擺龍門陣，也喜歡管別人家的事。故可勝任。

健康運

（金牛座・同梁）的人，外表健康，但要小心脾胃的毛病、腎虛、糖尿病、免疫能力失調、大腸、及肺部、氣管炎、感冒等疾病。

磁場相合的星座與命格

（處女座・天機）♥♥♥♥♥
（摩羯座・太陰）♥♥♥♥
（天蠍座・天相）♥♥♥♥
（巨蟹座・陽巨）♥♥♥♥

不想與其溝通的星座與命格

（射手座・廉貞）

（射手座・廉貞）的人每天故作忙碌，不喜歡與人瞎扯淡，會跑開。（金牛座・同梁）的人閒聊不上，彼此看不慣。

金牛座＋同巨命格的人

命運特質

（金牛座•天同、巨門）的人，是外表溫和、好像很會說漂亮話，但多惹是非口舌的人。天同、巨門也都屬水，生於春夏之交，火土重。因此金牛座的此命格的人也算是受刑剋的人，會在身體健康上較弱，也會錢財上享用不豐。

（金牛座•同巨）的人，一生只喜歡玩樂之事，一些小聰明都花在玩樂之上。在家中也與兄弟姊妹多是非爭吵。只有父母對你們好。命格在丑宮的人也會有薪水多的配偶養活你、對你好。你們一生成就不大。有『陽梁昌祿格』及『明珠出海』格的人，會有富貴人生。

（※『明珠出海』格請參考法雲居士所著《使你升官發財的『陽梁昌祿格』》一書。）

戀愛運

（金牛座•同巨）的人，是特別會談戀愛的人。也會說好聽的話哄人，朋友運不錯，會結交達官顯貴，別人會介紹好對象給他。但其配偶最後還是個薪水族，這樣他們才安穩匹配。

金錢運

（金牛座•同巨）的人，其人的金錢運薄弱，主要靠父母長輩及配偶給錢生活。如果要自己賺，就是薪水族模式，因為命、財、官等宮俱陷落的關係。又被火土剋會更窮一點。

紫微＋土象星座
算命更準！

事業運

（金牛座・同巨）的人，其事業運不高，會沒有較高的職稱與經歷。因為其人沒有憤發心，喜愛玩樂，結果是玩樂也玩不到什麼，工作也不盡心，難有事業。通常他們也只會找低階的工作，如會計、事務助理、管理員、倉庫管理等工作。

健康運

（金牛座・同巨）的人，其健康運也不算好。年輕時健康尚可。中年以後要小心內分泌有問題、淋巴系統的病症，或心臟病、膀胱、腎臟、生殖系統的開刀手術。

磁場相合的星座與命格

（處女座・天機）♥♥♥♥♥
（摩羯座・太陰）♥♥♥♥
（天蠍座・紫府）♥♥♥♥
（雙魚座・陽巨）♥♥♥♥

不想與其溝通的星座與命格

（天蠍座・紫貪）☃

（天蠍座・紫貪）的人太高高在上，有階級觀念。（金牛座・同巨）的人會害怕他們，不想與其接觸，彼此看不慣。

金牛座＋廉貞命格的人

命運特質

（金牛座‧廉貞）的人，是個性剛烈、主觀強，慢性子，凡事會考慮很久才做出決定。也凡事愛競爭，耐力好，很肯打拼，內心有些陰險，會做長時間的經營謀劃及謀略。由其在與人衝突之後，會表面原諒，但暗中報復，動一些手腳讓對方跳腳。

（金牛座‧廉貞）的人，其人是內心急躁，佔有慾強，但外表穩重、行動緩慢的人。他們常為了佔有慾而付出龐大的代價，在所不惜。廉貞屬火，生於金牛座火土更旺。他們財運很好，也容易有爆發運，和積極爭取的動力。人生的財富和事業都會很高。

戀愛運

（金牛座‧廉貞）的人，雖然桃花多，又好色，但是個缺乏情趣，及極為乏味的人。常會令情人失望。其實他們除了性愛便沒有太多的想法，而且很急躁，達到目的後，速度很快便要從情人身邊溜走。並不會有太多的甜言蜜語。

金錢運

（金牛座‧廉貞）的人，其金錢運一直很好。即使要借錢也都借得到。他們很會營謀，又善於用兵法來攻掠人心，會經營有用的人脈來創造自己的財富事業。由其金牛座的此命格的人，中年以後，多少能呼風喚雨的理財與進財，本領算不小的了。

事業運

（金牛座・廉貞）的人，其人最重事業，一生辛苦打拼。他們醉心政治，富貴都愛。厲害的會成為政治界的領導者，至少也會是一個小商人。一般的話，做一個企業的部門主管，或很多超商的襄理、副理都會是此命格的人。

健康運

（金牛座・廉貞）的人，一般身體康健，很耐操。但要小心肝腎和消化系統的毛病。要小心糖尿病、胃病、以及血液太濃或其他血液問題，常捐血會有利自己健康。

磁場相合的星座與命格

（處女座・貪狼）♥♥♥♥♥

（摩羯座・紫相）♥♥♥♥

（天蠍座・武府）♥♥♥♥

（巨蟹座・七殺）♥♥♥♥

不想與其溝通的星座與命格

（雙魚座・破軍）

（雙魚座・破軍）的人唱做俱佳，能哄能騙。（金牛座・廉貞）的人用盡力氣也鬥不過他，彼此看不慣。

金牛座＋廉府命格的人

命運特質

（金牛座‧廉府）的人，是具有外交能力，又會攏絡人的人。因此能多生財富。他們個性頑固，話少、膽子小，但是個很政治型的人。對於權力所在的方位很敏感，因此都能找對人結交，共創財富。

（金牛座‧廉府）的人，很愛錢很小氣，又會賺錢，但想法和常人不一樣，會打破一般世俗觀念去賺錢。他們和父母、兄弟的感情還不錯，但和妻子、兒女的感情較差，一生雖辛勞賺錢，但感情問題很難平順，會有再婚、三婚的經驗。只有享受高級，不算很幸福。

戀愛運

（金牛座‧廉府）的人，其戀愛運不順利，總是找到想法和金錢觀和自己不一樣的情人或配偶。但又不信邪，會再婚、三婚。老年時會孤獨終老。

金錢運

（金牛座‧廉府）的人，其人的金錢運一流。在花用上都會買最高檔的物品來用。你們在賺錢上很拚命，自然也要花在自己身上才划算。雖然你們手上流動的現金很多，但有些是公款。你本身財庫中卻不一定有錢，或錢放在他人名下，要小心會要不回來。

事業運

（金牛座・廉府）的人，其人的事業運不錯，因為喜歡賺錢，又多半為了衣食樂趣的享受。因此必定有衣食之祿。此外做政治業、銀行業、金融業、保險業也都會有好的業績。你們有很好的朋友運，會有年紀稍長、又會教你們專業知識的前輩或長輩給你們支持，因此你們能賺很多錢。你們專心在賺錢，即使是做政治界的人物，你們仍是著眼於賺錢擁有財富。此命格的人通常不易有貴格，而是以富致貴。買通作官的關係而主貴。

健康運

（金牛座・廉府）的人，一般健康。但要小心手足之傷、肝腎毛病、子宮、輸卵管、輸精管、攝護腺等問題。也要小心血液及車禍傷災的問題。

磁場相合的星座與命格

（處女座・紫微）❤❤❤❤❤
（摩羯座・武相）❤❤❤❤
（天蠍座・七殺）❤❤❤❤
（巨蟹座・陽梁）❤❤❤❤

不想與其溝通的星座與命格

（天蠍座・鈴星）

（天蠍座・鈴星）的人太愛耍古靈精怪的聰明，（金牛座・廉府）的人無法應付，思想模式不同，彼此看不慣。

金牛座＋廉相命格的人

命運特質

（金牛座・廉貞、天相）的人，是外表忠厚、話少、安靜、膽小的人。但實際內心頑固不化。性子慢條斯理，一付老好人相。金牛座的此命格的人，因天相屬水被火土刑剋，因此會操勞不斷。無法享福。勞心勞力，為賺錢奔忙。

（金牛座・廉相）的人，一生就是為解決家中兄弟紛爭的。他們溫和，善於處理事務，會調解人際關係，自身財運及事業都比兄弟好，因此有說服力能解決家中紛爭，很得父母的喜愛及照顧。一生只有不瞭解配偶，對戀愛白目，否則也能成為五福三多之人。

戀愛運

（金牛座・廉相）的人，對愛情很白目，常不了解異性，也不會巴結討好情人與配偶，常讓情人與配偶生悶氣。因此他們須要精練戀愛術，否則老了會沒人理。

金錢運

（金牛座・廉相）的人，其金錢運十分好，會賺很多錢，但生性保守，不太敢投資。他們會做賺錢的事業來賺錢。多半與金融業有關，也會放高利貸。因此賺錢很多。此人還有在辰、戌年的爆發運，會為他們帶來大財富。運氣十分好。他們也很會存錢，宛如一座小金庫。

紫微＋土象星座
算命更準！

事業運

（金牛座・廉相）的人，其事業運、工作運就在『武貪格』爆發運上，因此只要時間運行到龍年、狗年，就會有事業爆發的好機會。又生於金牛座火旺之際，爆發力更強。可創造大財富，一定要好好把握！

健康運

（金牛座・廉相）的人，一般人都健康。但要小心手足之傷，肝腎、火土旺的毛病。大腸、糖尿病、免疫能力較差，以及血液的問題。地中海型貧血等。有擎羊同宮或相照的人，有『刑因夾印』格，會有兔唇、傷殘，需要多次開刀手術。

磁場相合的星座與命格

（處女座・紫府）❤❤❤❤❤
（摩羯座・武曲）❤❤❤❤
（天蠍座・天梁）❤❤❤❤
（巨蟹座・破軍）❤❤❤❤

不想與其溝通的星座與命格

（雙魚座・巨門）

（雙魚座・巨門）的人口才太好，唱做俱佳，（金牛座・廉相）的人無法應付，彼此看不慣。

金牛座＋廉殺命格的人

命運特質

（金牛座・廉貞、七殺）的人，是性格特別頑固、重視錢，外表動作慢，能吃苦，性格節儉，有不合群的個性，無法和人共事。常因工作和人際關係和人發生衝突。由其有『廉殺羊』格局的人更兇，容易造成對自己的傷害。

（金牛座・廉殺）的人，有『陽梁昌祿』格的人，會有財官雙美的人生。

廉貞屬火、七殺屬金，生於金牛座的春夏之交，火土重，因此健康較不好，本命財也會稍少。感覺上也會沒那麼聰明。不過，他們有堅忍的性格，努力不懈，還是會成功的。他們也大多有家財，中晚年可居富。

戀愛運

（金牛座・廉殺）的人，其戀愛運很平順，會找到能幫他打理事務的好幫手做情人或配偶。即使是相親結婚的，也同樣會擁有意氣相投，極力相挺的好配偶。運氣很好。

金錢運

（金牛座・廉殺）的人，其金錢運特佳，會有賺錢的好運氣。他們不怕苦不怕難，因此能賺到極高的薪資代價。通常他們也會做最艱難的工作，及不怕髒亂的工作，自然其代價是極高的。如果做文職工作便收入會少了。

紫微＋土象星座
算命更準！

事業運

（金牛座‧廉殺）的人，其事業運就是會做職位不高，又容易雜亂、危險、骯亂或衝鋒陷陣的工作。雖然薪水很高，但會傷害性命。通常你們也並不想與人爭職位，只想按部就班的做自己的工作。因此做軍警業最好。做文職會賺錢少。

健康運

（金牛座‧廉殺）的人，一般還健康。但要小心心臟病、血液的毛病，血液有雜質或惡性貧血等等。還有肺部、大腸、膀胱、乳癌、子宮、手足傷及車禍的傷害。

磁場相合的星座與命格

（處女座‧紫貪）♥♥♥♥♥

（摩羯座‧天府）♥♥♥♥

（天蠍座‧武破）♥♥♥♥

（雙子座‧天相）♥♥♥♥

不想與其溝通的星座與命格

（雙魚座‧機陰）

（雙魚座‧機陰）的人情緒變化快，晴時多雲偶陣雨。（金牛座‧廉殺）的人根本無法應付，而且（金牛座‧廉殺）的人較小氣吝嗇，不會送禮物及說好聽的話，彼此看不慣。

金牛座＋廉貪命格的人

命運特質

（金牛座．廉貞、貪狼）的人，是個人際關係不太好的人，因為自己常心情很差，也會給別人臉色看。廉貞屬火居陷，是小火。貪狼屬木居陷，木氣弱。生於金牛座在春夏之交、火土重之時，這樣對此命格的人是有利的。所以此命格的人雖然悶悶的，但運氣比其他星座的人要好一點。

（金牛座．廉貪）的人，是個意見多，口直心快、說得多做的少，說話不好聽的人。要求別人較多，自己卻不守規矩。喜歡酒、色、財、氣。容易犯淫色桃花，與人同居或多次婚姻，常更換情人。容易道德感薄弱。通常他們都是生於不太好的時間，外在環境又很差，一生起起伏伏。

戀愛運

（金牛座．廉貪）的人，其性格好淫，因此男女朋友經常更換，因為本身脾氣與性格不好，愛情都不長久，很快就更換。但如果有人能忍受他們，他也會找到富有多金的配偶。

金錢運

（金牛座．廉貪）的人，其金錢運是賺的不多，卻花的多。而且會買高級昂貴的物品。財運也是起起伏伏的。他

紫微＋土象星座 算命更準！

們多半把錢花在酒色上，不過，找到好的情人或配偶，他們還是有一段平順生活的。

事業運

（金牛座・廉貪）的人，只適合做軍警業（武職），有貴格的人，能做大官，財官雙美。有『陽梁昌祿格』的人，也可有高學歷及高職位。例如做電子業或吃技術飯，也能做到主管級的人物。一般上班族或做文職的人會賺錢少，或工作斷斷續續，不長久，靠人吃飯。

健康運

（金牛座・廉貪）的人，一般人還健康，但要小心手足受傷，肝腎的毛病、大腸、神經酸痛、性病、及腸胃等消化系統的毛病。

磁場相合的星座與命格

（處女座・紫破）♥♥♥♥♥

（摩羯座・武殺）♥♥♥♥

（天蠍座・紫相）♥♥♥♥

（處女座・天府）♥♥♥♥

不想與其溝通的星座與命格

（雙魚座・天機）

（雙魚座・天機）的人太情緒化，又愛耍小聰明，（金牛座・廉貪）的人自己脾氣也很大，不想一直哄他，彼此看不慣，敬而遠之。

金牛座＋廉破命格的人

命運特質

（金牛座•廉貞、破軍）的人，是個膽子大，外表陰沉，沉默，口才很好的人。但會說話狂妄，做事衝動又頑固，即使吃了虧也不認錯。廉貞屬火，破軍屬水，俱陷落，都不強，生於金牛座火土重之時，刑剋破軍較多，因此其人的打拼力量較弱，謀劃的能力較強。會多謀劃少執行。

（金牛座•廉破）的人，會個性上有些邪氣，或有自閉傾向，容易與人衝突或自殺洩憤。他們很能吃苦，也能做髒亂及紛爭不斷的工作。不過他們有偏財運，牛、羊年都會爆發。人生是大起大落的模式。他們周圍的環境永遠是破破爛爛的、不平靜的。

戀愛運

（金牛座•廉破）的人，其戀愛運和一般人不同。你喜歡性格和你一樣愛恨分明的人。你不計較情人或配偶的過去，看對眼會很快發生關係。你性格大膽乾脆，即使對方仍在婚姻中、或未成年你也沒在怕的。你天生不受現實法規的約束。因此嫁娶到二婚、三婚的人是常事。

金錢運

（金牛座•廉破）的人，其金錢運很好，花錢也很乾脆，破財很多。做文職的人會窮。做軍警武職的人反而容易爆發好運，人生有財官雙美的結局。你們能在事業上有好運，能賺錢，加上你們能衝的個性，一般來說會具有殷實的財富。不過金牛座的此命格之人會破財多一些。

事業運

（金牛座・廉破）的人，其事業運會具有爆發運，會突然有好運而事業增高。會在丑、未年突然有機會得到好的工作機會，而使你賺大錢或升官發財。此命格的人適合做武職，不適合文職，否則會窮。你的事業運也會起起落落，在卯、酉年運衰，在丑、未年大發。金牛座的此命格之人會發得較大，超出一般廉破的人。

健康運

（金牛座・廉破）的人，一般身體還好。但要小心手足傷，肝腎問題、糖尿病、免疫能力失調、脾胃及大腸的毛病，也要小心淋巴系統和血液的問題。

磁場相合的星座與命格

（處女座・天相） ♥♥♥♥♥
（摩羯座・紫相） ♥♥♥♥
（天蠍座・武貪） ♥♥♥♥
（處女座・紫殺） ♥♥♥♥

不想與其溝通的星座與命格

（雙魚座・武曲）

（雙魚座・武曲）的人既情緒化，又脾氣硬，（金牛座・廉破）的人不能忍受，價值觀不同，彼此看不慣。

金牛座＋天府命格的人

命運特質

（金牛座・天府）的人，是天生的銀行家。他們很會存錢，又會精打細算，加上金牛座的頑固、愛錢，真是相得宜彰。天府五行屬土，又生於金牛座火土重之時，因此更會賺錢及存錢。

（金牛座・天府）的人，性格溫和保守，但有原則，做事一板一眼，按部就班，不急不徐，有自己一套處事方法，不喜歡別人干涉他。他們喜歡享受物質生活，凡事先以自己為第一順位，其次是家人，再是好朋友。所以平常看起來很小氣不會輕易請客。錢都存在自己戶頭，也不會輕易示人。他們一定會有固定的工作，按時收取收入及存款，生活平順愜意。

戀愛運

（金牛座・天府）的人，一生都平順舒適，但唯獨戀愛運不太好，因為他們喜歡和自己性格及價值觀不一樣的人做情人或配偶，因此人生中常更換情人或配偶。最後總要付出一些金錢的代價。讓他們心痛不已，人生也不算完美。

金錢運

（金牛座・天府）的人，天生會賺錢及存錢。金錢運不錯。會穩定的進財。此命格的人要比其他星座的天府坐命者富有。因為你們的生時較旺，天府的格局較大。你們有的人會不捨得花錢，會小氣保守。有的人會進進出出而享福享受。

事業運

（金牛座‧天府）的人，其事業運是穩定的料理財務事件。你們天生喜歡管錢，離不開錢。自已就像一個小銀行，能賺錢的事你們都愛做。也會幫人料理文書事務。其他如果唱歌跳舞能賺錢的事，你們也會學習去做。你們會一點一滴的儲存下去，而成為富翁級的人物。

健康運

（金牛座‧天府）的人，其健康良好，要小心脾胃的問題，此外高血壓、心臟病、肝腎問題、手足傷、膀胱、生殖系統都要小心。

磁場相合的星座與命格

（處女座‧七殺） ♥♥♥♥♥

（摩羯座‧紫殺） ♥♥♥♥

（天蠍座‧天相） ♥♥♥♥

（巨蟹座‧武曲） ♥♥♥♥

不想與其溝通的星座與命格

（射手座‧破軍）

（射手座‧破軍）的人愛玩又太愛花錢，（金牛座‧天府）的人很小氣，價值觀不同，彼此看不慣。

金牛座＋太陰命格的人

命運特質

（金牛座‧太陰）的人，是外表文靜溫柔，內心剛強的人。性急好動。特別頑固。太陰屬水，生於金牛座火土重，對太陰刑剋也重。太陰本身也代表銀行存款。此命格被剋後，會賺錢較辛勞，財富也較少。此命格的男性原本有傾向女性化的特徵，但金牛座此命格的男性會較剛一些。

（金牛座‧太陰）的人，一生以上班族、薪水族為主，即使他們自己做老闆，也會天天上班拿固定薪資，或是收房租維生。他們喜歡買房地產和土地，一生為房貸奮鬥。他們好酒、重感情，喜談戀愛。常為感情所困。但此命格的人會與家中女性不合，但在外與異性相吸引。

戀愛運

（金牛座‧太陰）的人，戀愛運特佳。他們從小就有吸引異性的魅力。在成長階段就不斷的有戀愛經驗，一生戀愛無數。但他們的婚姻運卻未必好。有些人會找到好配偶，有些人卻不行，因此受傷很深。不過他們會在戀愛或失戀中成長。

金錢運

（金牛座‧太陰）的人，其金錢運大致不錯，他們都會奮力去買房地產存

紫微＋土象星座

算命更準！

錢。也會努力工作賺錢，做薪水族來存錢。此命格的人特別重視和銀行的關係，因此會儲蓄很多錢。

事業運

（金牛座・太陰）的人，在工作與事業上都非常穩定。他們喜歡固定的工作，或是朝九晚五的作息。即使自己開店、開公司做老闆都要固定上下班和拿薪資。此命格有爆發運的人會大成功與成為富翁。

健康運

（金牛座・太陰）的人，健康大致良好，但要小心脾胃、肝腎或淋巴系統的毛病。也要注意生殖系統、乳癌、子宮或精囊、性病等問題。

磁場相合的星座與命格

（處女座・天機）♥♥♥♥♥

（摩羯座・太陽）♥♥♥♥

（天蠍座・貪狼）♥♥♥♥

（摩羯座・巨門）♥♥♥♥

不想與其溝通的星座與命格

（射手座・七殺）

（射手座・七殺）的人對別人毫不關心，只顧自己。（金牛座・太陰）的人太不爽了，人生觀不同，彼此看不慣。

金牛座＋貪狼命格的人

命運特質

（金牛座•貪狼）的人，是一個悶騷型的人。貪狼五行屬木，生於金牛座火土重之時，會性格略悶，但聰明有內涵。也算是命中財多的人。因為土是木之財之故。此命格的人異性緣好，本性也很貪報。常有好運可讓他佔便宜。別人也願意讓著他，把好處給他。

（金牛座•貪狼）的人，是最容易有偏財運的人，因為生在火多之時，因『火貪格』而爆發財運。他們常在酒色財氣中打轉，一生起伏不定。其人口才好，人緣佳，不會得罪人。愛做投機生意。他們會有嚴格或囉嗦的父母，難以溝通，但和兄弟姊妹感情好。他們喜外出，在外面運氣好，因此少待在家中。

戀愛運

（金牛座•貪狼）的人，你們喜歡豐滿、美麗又愛出風頭的異性。你們固執於自己的愛情模式，必須保有自己的自由之身，喜歡對情人呼之則來，揮之則去。不願深陷愛情泥沼之中。他們也可能同時有多個情人。聰明的他們必定會挑選人緣佳、又會做外交關係的有錢人做他們的伴侶和配偶。

金錢運

（金牛座•貪狼）的人，其金錢運

甚佳。一生有多次爆發運，可多得錢財。但他們天生浪費、愛享受，不會存錢及理財，你們也會有父母給的家產，配偶也會帶財富給他們，是故一生是命好、財運也好的人。

事業運

（金牛座・貪狼）的人，其事業運必須打拼。雖然一生運氣很好，但做軍警武職能立戰功。爆發運才會發得大，財富會更多。貪狼屬木，也可做文教業，教育業，教師或補習班，出版社等都很好。但爆發的錢財較小。

健康運

（金牛座・貪狼）的人，一般健康良好。但要小心消化系統的毛病，心臟病、高血壓，手足的問題，和性病。生殖系統的毛病。

磁場相合的星座與命格

（處女座・武曲）❤❤❤❤❤
（摩羯座・紫府）❤❤❤❤
（天蠍座・七殺）❤❤❤❤
（巨蟹座・紫破）❤❤❤❤

不想與其溝通的星座與命格

（獅子座・同巨）

（獅子座・同巨）的人又笨話又多，很聒噪。（金牛座・貪狼）的人無法應付，逃之夭夭，彼此看不慣。

金牛座＋巨門命格的人

命運特質

（金牛座•巨門）的人，是口才好、愛講話，愛吃、喜歡表現的人。常很有自信，自以為是，說話狂妄，愛自誇，佔有慾強。常想說服別人，愛和人抬槓，真讓人怕了他。

（金牛座•巨門）的人，愛嘮叨、凡事挑剔、注重小細節，對人有猜忌心，喜愛批評別人，但對自己寬容。其人也喜歡相信某些隱晦之事，很容易受騙。他們也喜歡騙人，多惹是非口舌不斷。巨門五行屬水，生於金牛座火土重，會被沖剋。因此此命格的人會性格悶，財富較少。也會辛苦奔波，賺錢不易。是非也多，運氣不算好。一生多波瀾。此命格的人出生時，多半家中或父母發生一些不順利的事情，也形成他們命運多舛。

戀愛運

（金牛座•巨門）的人，很會談戀愛，特別會用口才遊說自己心儀的對象。而且重色輕友，會很快發展出超關係的戀情，俘虜情人，使之不易逃脫。命宮在亥宮、子宮的人能得妻財和夫財。配偶會為他帶來大財富。

金錢運

（金牛座•巨門）的人，要看他自身的聰明才智，和是否有貴格？本命是一般上班族的財富格局。但有貴格的人能運用口才創造大財富。命中有爆發運的人也會一生有多次偏財運而發富。某些人會有妻財和配偶財，這些都會使他們生活享受好。

事業運

（金牛座・巨門）的人，其事業運只是一般上班族格局。命中有貴格的人會事業做的大。其實你們最適合做民意代表，或教師、保險經紀、政治人物、演說家、業務員等職。

健康運

（金牛座・巨門）的人，一般建康良好。但要小心消化系統的問題、淋巴系統、血液、尿道、及內分泌系統、耳朵、心臟等問題。

磁場相合的星座與命格

（處女座・太陽） ♥♥♥♥♥
（摩羯座・天機） ♥♥♥♥
（天蠍座・天同） ♥♥♥♥
（巨蟹座・太陰） ♥♥♥♥

不想與其溝通的星座與命格

（射手座・武貪）

（射手座・武貪）的人不喜歡聽嘮叨，會快速躲開。（金牛座・巨門）的人根本還沒開口，就被甩開了，磁場不同，彼此看不慣。

金牛座＋天相命格的人

命運特質

（金牛座‧天相）的人，是外表長相乖巧、很會做事。很喜歡講求公平、公正，能調解糾紛，能做和事佬的人。此星座的人異常頑固的。因為天相屬水，生於金牛座，被火土剋，因此會操勞多，較辛苦，得財也會稍少。此命格的人正常狀況較瘦，胖的話會身體有病。

（金牛座‧天相）的人，喜歡衣食享受，做事一板一眼，他們也是天生的福星，能解決家中的困難和麻煩。家中若有此命格的人，就表示其家中曾經歷了一段辛苦或麻煩的事。不過當他出生後就會解決。而且會為家中帶來衣食無憂的生活。因此算是優良命格的人。

戀愛運

（金牛座‧天相）的人，其外在環境都不太好，因此所碰到的戀愛對象都是不會疼人的。他們自已對情人或配偶也不瞭解，常自以為是愛情就發生關係了。之後就順理成章的結婚。往往多年後發覺這並不是自已想要的婚姻或愛情，又想辦法分開。

金錢運

（金牛座‧天相）的人，其人的金錢運都很好。很有賺錢的能力。他們天生很會理財，又會存錢儲蓄。因此很多人會做會計行業或金融業。他們也會有

紫微＋土象星座 算命更準！

感情好的父母給他們財產，因此財富能積蓄很多。

事業運

（金牛座・天相）的人，其事業運常起起伏伏，不見得穩定。但他們一定會找到工作，奮力去做。他們外表忠厚老實，任勞任怨，是老闆心目中的好員工，因此找工作很容易。通常他們要做大事業是不容易的，因為他們天生志向不大，工作只是在賺錢。生活舒適就心滿意足了。

健康運

（金牛座・天相）的人，其健康不錯。但要小心高血壓、頭痛、泌尿系統、膀胱、內分泌系統、糖尿病、耳朵、腎臟、淋巴系統的問題。這些都和水被剋有關。

磁場相合的星座與命格

（處女座・破軍）❤❤❤❤❤

（摩羯座・天府）❤❤❤❤

（天蠍座・天同）❤❤❤❤

（巨蟹座・天梁）❤❤❤❤

不想與其溝通的星座與命格

（雙魚座・巨門）☃

（雙魚座・巨門）的人是唱作俱佳的人，（金牛座・天相）的人常遭受誣賴，彼此看不慣。

金牛座＋天梁命格的人

命運特質

（金牛座‧天梁）的人，有正義感，外表穩重，有名士風範。常會有突發的慈悲心去幫助別人。他們自負很重，有些驕傲，有聰明智謀，喜和人舌辯，也愛競爭。天梁五行屬土，生於金牛座火土重之時正好，性格厚重，更穩重體面，固執也更重。

（金牛座‧天梁）的人，有『陽梁昌祿格』的人，一生成就較高，是財官雙美的人。命宮在巳、亥宮的人會浪跡天涯，較喜歡玩。也會為生活奔波。但都會比別的星座的此命格的人財運好。

戀愛運

（金牛座‧天梁）的人，其戀愛運較多周折和競爭，也會有多是非的現象。你們天生喜歡口才好、好辯、又難追的對象。這樣你們才會有成就感。因此從戀愛到結婚，你們會經過無數的試煉，最後才成功。婚後在生活中也是是非口舌多。

金錢運

（金牛座‧天梁）的人，其人的金錢運是上班族或公務員格局的薪資。你們的父母都非常打拼，因此你們也會辛勤努力的工作。你們會用在學校裡學到的學問和特殊技能來工作賺錢。你們很安於現狀，只會追求你自已能看得到拿

紫微＋土象星座 算命更準！

得到的金錢財富。生於金牛座火土重，故主富。

事業運

（金牛座•天梁）的人，其事業運也很穩定。有貴格的人會做高階主管或老闆。也會做獨立一人的事業，像作家寫作、或做廟公等。有爆發運的人會爆發財富，得大富貴。一般人也能辛苦努力擁有舒適生活。其實你們最適合的行業是慈善業或宗教家。能發揮愛心名揚四海。

健康運

（金牛座•天梁）的人，身體健康健壯。但要小心脾胃問題、肺部、支氣管炎、感冒、大腸、糖尿病、免疫能力等問題。

磁場相合的星座與命格

（處女座・天同）❤❤❤❤❤

（摩羯座・天機）❤❤❤❤

（天蠍座・太陰）❤❤❤❤

（巨蟹座・太陽）❤❤❤❤

不想與其溝通的星座與命格

（雙魚座・破軍）

（雙魚座•破軍）的人表面一套內心一套，表裡不一。（金牛座•天梁）的人很難猜透他的心思，人生觀和價值觀不同，彼此看不慣。

金牛座＋七殺命格的人

命運特質

（金牛座・七殺）的人，是大眼有神、個子不高，性急，做事有魄力，骨骼很硬，做事有擔當，個性堅強，內在脆弱，喜怒哀樂都會在臉上顯露出來。

（金牛座・七殺）的人，是很肯打拼的人，喜歡東奔西跑，特別愛賺錢。他們在幼年時期外傷多，身體較弱，成年後也要小心外傷和車禍。七殺屬金，生在金牛座火土重，會受刑剋。因此會讓此命格的人更勞碌，賺錢辛苦一些。在身體上也會影響免疫能力，會更弱一點。傷災會稍多。他們是不喜受人管，喜歡管人，適合做老闆或主管。是個很果斷愛下決定的人。

戀愛運

（金牛座・七殺）的人，喜歡一見鍾情的人。凡事速戰速決，認定了就窮追到底。他們不喜歡拖拖拉拉，如果談不攏，也會分手乾脆，不會再繼續糾纏。他們一定會找到喜歡他們這種乾脆風格的人做配偶，而且相親相愛的共度一生。他們的配偶運是相當好的。

金錢運

（金牛座・七殺）的人，其金錢運特佳。此命格的人特別愛賺錢，又肯苦幹蠻幹，對金錢又很現實吝嗇。再加上他們其中有很多人都有爆發運，因此會多得財富。還有他們的父母都很寵愛他們，會留財產給他們。故此命格的人多富翁。

事業運

（金牛座・七殺）的人，在事業運上也是一級棒，他們從不在乎工作的艱辛困難，總是抱著冒險犯難的精神去完成。做軍警職會立大功賺大錢，做文職財富較少。有爆發運的人會做危險但財多的工作。

健康運

（金牛座・七殺）的人，幼年身體較弱，常感冒或生小病。長大就漸漸好了。但要小心傷災、車禍，以及大腸、肺部，支氣管炎、免疫能力等的問題。頭痛及高血壓等。

磁場相合的星座與命格

（處女座・紫相）♥♥♥♥♥
（摩羯座・武府）♥♥♥♥
（天蠍座・天府）♥♥♥♥
（巨蟹座・紫府）♥♥♥♥

不想與其溝通的星座與命格

（雙魚座・天機）

（雙魚座・天機）的人太情緒化，又愛賣弄聰明，會使對方顯得笨。（金牛座・七殺）的人對此恨之入骨，彼此看不慣。

金牛座＋破軍命格的人

命運特質

（金牛座・破軍）的人，是性格強硬的奮鬥家，他們喜歡開創事業或新局，也喜愛改革創新事物。所以他們經常創業，但不一定會成功。此命格的人，因破軍五行屬水，生於此火重之時，會刑剋破軍，因此此命格的人會身體較弱，財富不那麼多。

（金牛座・破軍）的人，個性易反覆不定，有些疑神疑鬼。說話狂妄，好勝心強，大膽敢衝，一生勞碌，會人生轉折很大。縱使有爆發運的人也會大起大落，人生很不安定。此命格的人多傷災，臉上有破相。身體也會有病或開刀，破破爛爛。

戀愛運

（金牛座・破軍）的人，其戀愛運特別多。他們並不考慮客觀條件，只要看上了便直接追求。也不在乎雙方是否有婚姻的約束。會直接展開性愛關係。所以他們的戀愛都不是初戀，而是身經百戰的愛情之旅。

金錢運

（金牛座・破軍）的人，其金錢運必須靠自己拚命去打拼、拚命去賺才有。此命格的人不會理財，花錢大手大腳，很喜歡享受。本身就很耗財，所以賺的錢總不夠自己花。有爆發運的人可多得錢財，可享受多一些。沒有爆發運的人，容易過苦日子。

事業運

（金牛座・破軍）的人，其事業運上有好運，這也可使他們多賺錢財。但必須辛苦勞碌才行。通常他們會做雜亂、複雜，或鬥爭多的工作。也會做冒險犯難的工作。事業形態和常人不一樣。因此大起大落也是常事。有爆發運的人，每幾年爆發一次，事業會愈來愈旺。但須要東奔西走才能發達。

健康運

（金牛座・破軍）的人，外表大致健康，但要小心傷災、車禍、開刀等事。也要小心淋巴系統、泌尿系統、內分泌系統、糖尿病等的問題。

磁場相合的星座與命格

（處女座・紫相）♥♥♥♥♥
（摩羯座・廉相）♥♥♥♥
（天蠍座・太陰）♥♥♥♥
（巨蟹座・七殺）♥♥♥♥

不想與其溝通的星座與命格

（射手座・貪狼）

（射手座・貪狼）的人和（金牛座・破軍）的人面合心不合，價值觀也不同，彼此看不慣。

金牛座+祿存命格的人

命運特質

（金牛座•祿存）的人，是性格超保守及超頑固的人。外表老實，說話剛直，不合群。不多話，容易活在自己的世界裡。此命格的人因有『羊陀相夾』，在感覺上容易受人欺凌。自幼身體弱，有些人會為養子，或隨母改嫁，身世飄零，有很深的自卑感與不快樂。

（金牛座•祿存）的人，因生於金牛座火土重之時，祿存也居旺。命運會比同命的人稍好一點，財富會稍多一些，生活較好一些。一生衣食富足，但小氣吝嗇，是有名的『小氣財神』與守財奴。他們全都是早年辛苦，中年以後才漸入佳境。他們不會做投資，只會做固定的上班族，只進不出。但很會存錢，慢慢會累積財富與房地產。一生會節衣縮食，勤儉度日。

戀愛運

（金牛座•祿存）的人，因本性吝嗇，對異性交往也常吝嗇於吃飯、喝咖啡及外出遊玩的錢。常要求各付各的。他們要找的對象一定是家中富裕，或本身有工作的人，這樣可和他共同分配養家的費用。很多情人都無法忍受而逃跑。因此他們多半相親結婚。但也常為金錢爭吵不休，甚至離婚。

金錢運

（金牛座•祿存）的人，一生會任勞任怨的賺他的衣食之祿。但在中、晚年會得到養父母家或出生父母家的財產。所以金錢運不差。他們多半以『錢』為重心，對人較冷感，是一個守財奴形的富翁。

事業運

（金牛座•祿存）的人，會很守份的忠於工作崗位。他們做事任勞任怨，不會輕易的罷工或請假，或辭職。是一個很好的員工，會深得老闆信賴。雖然他們很固執，但精於專業，是不可多得的人才。他們會一直做到很老還不肯退休。雖然職稱不一定很高，但卻一定是該業內的翹楚。

健康運

（金牛座•祿存）的人，幼年身體弱，常生病。青少年以後慢慢變強壯。他們多半大腸不好，幼年常感冒，因此要小心肺部、氣管、大腸、頭部、免疫能力和脾胃的毛病。

磁場相合的星座與命格

（處女座・武府）♥♥♥♥♥
（摩羯座・天府）♥♥♥♥
（天蠍座・武曲）♥♥♥♥
（巨蟹座・紫相）♥♥♥♥

不想與其溝通的星座與命格

（射手座・破軍）

（射手座•破軍）的人太愛自由與花錢，（金牛座•祿存）的人很吝嗇，價值觀不同，彼此看不慣。

金牛座＋擎羊命格的人

命運特質

（金牛座•擎羊）的人，是外表與內心都急躁、強勢與固執的人。他們的臉稍長，下巴尖，較兇與霸道，有理說不清，容易衝動與記恨。他們做事乾脆，不給人留情面，常自以為是，不接受別人意見。通常也是個沒遠見的人。只注重眼前的利益。

（金牛座•擎羊）的人，生於金牛座火土重之時，擎羊五行屬火金，因此是極旺的，是故其性格會更暴躁與強悍。好與人競爭，不服輸。又會記恨報復，是十足的小人。他們一生愛佔人便宜，不肯吃一點虧，得不到就會陷害人，常讓人看不起，只能躲他。他們一生命運也容易在競爭中受傷，或想得到的得不到。成就也未必好。

戀愛運

（金牛座•擎羊）的人，其戀愛運就是凡是他想得到的，就拚命運用手段來得到。得到之後再任由他擺佈。他們會對心儀對象愛到發狂，但也容易是恐怖情人，或虐待情人。他們感情特別濃烈，會愛之欲其生，恨之欲其死，令人不敢恭維。

金錢運

（金牛座•擎羊）的人，其金錢運常受到阻礙。有時是工作突然斷了，或沒按時發薪，偶而總有窮困的時候。某些人會懶惰不工作，但要有人靠，否則也會有一頓沒一頓的。擎羊就是一把刀，財逢刀口，自然是劫財的很了。

事業運

（金牛座・擎羊）的人，其事業運要做軍警業、或與刀劍、兵器、廚師、理髮師、醫療、開刀有關的行業，會賺到錢。做文職會窮。其他如做雜亂的行業，如喪葬業、垃圾處理、車禍血光、災害救援及解決善後等行業也會賺到錢。常常他們所做的行業都是競爭者多的行業。

健康運

（金牛座・擎羊）的人，其健康運是幼年難養，長大後身體漸強壯。他們出生時就會讓母親大出血，幼年身體弱，長大後也要小心車禍、外傷、頭面破相，肝腎的毛病、眼睛不好，容易有開刀現象，肺部、大腸，免疫能力等問題。

磁場相合的星座與命格

（處女座・紫微） ♥♥♥♥♥

（摩羯座・天同） ♥♥♥♥

（天蠍座・天相） ♥♥♥♥

（巨蟹座・武貪） ♥♥♥♥

不想與其溝通的星座與命格

（獅子座・武曲）

（獅子座・武曲）的人特怕別人來劫財，（金牛座・擎羊）的人像把刀，會劫財，兩種人價值觀不同，彼此看不慣。

金牛座＋陀羅命格的人

命運特質

（金牛座•陀羅）的人，是頭部圓圓的，動作慢，臉上、身上有破相和傷痕，常發生牙齒斷裂、手足傷害。在性格上十分頑固、話少、內心與精神上問題很多。外表顯出笨笨的樣子。他們會長時期心情不開朗與自我的精神折磨，有時會有輕生念頭。

（金牛座•陀羅）的人，必須離鄉發展，才會開創人生，否則會被困在家鄉，永遠無法翻身。他們一生勞苦波折很大。幼年多災。而且容易相信陌生人，而不相信家人，是與家人無緣的人。他們一生是非多，常暗中行苟且之事，被人發覺，又記恨報復。陀羅五行屬辛金，生於金牛座火土重之時，較多刑剋。故其人品行更不佳、更做笨事極為不良。

戀愛運

（金牛座•陀羅）的人，其戀愛運總是拖拖拉拉，波折不斷、是非很多。即使同居或結了婚也不長久。夫妻會常相互打架吵架，爭執不斷。最後還是分開。他們很多是同居而不婚的，也會時常家暴。一生多次戀愛都無結果，老年孤獨生活。

金錢運

（金牛座•陀羅）的人，其人的金錢運不佳，工作斷斷續續做不長。因此錢財不穩定。此命格的人若做軍警業會長久一些，財運也會順利一點。但他們不一定有此智慧。

事業運

（金牛座•陀羅）的人，其工作運會斷斷續續，做不長。只有做軍警業才會穩定也會有存款。做文職會窮困，失業。命格低下者會做墓園喪葬業者，或撿骨師。工作是有一票沒一票的做著。

健康運

（金牛座•陀羅）的人，其健康運外表大致還好，但會頭面破相，有牙齒的傷害、手足傷，肺部、氣管、大腸、免疫系統有問題，也易生癌症。還有皮膚病或身上長瘤。

磁場相合的星座與命格

（處女座•紫微）❤❤❤❤❤
（摩羯座•天相）❤❤❤❤
（天蠍座•天同）❤❤❤❤
（巨蟹座•天梁）❤❤❤❤

不想與其溝通的星座與命格

（射手座•天機）

（射手座•天機）的人自認異常聰明，不想跟笨人說話，會逃之夭夭。（金牛座•陀羅）的人也固執和自卑而頑固，不想認輸，彼此看不慣。

紫微＋土象星座

算命更準！

《易經故事》精選集

此書是以易經中之中國商周時代故事為重心。

次以卦象內容所包含之故事為輔，

組成以易經之卦爻辭中包含最多最廣的故事群。

如『喪牛于易』、『喪羊于易』、『高宗討鬼方』和『帝乙歸妹』、『箕子之明夷』等，都是商朝和西周的真實故事。

爻辭故事有『煥奔其機』、『中孚豚魚』、『鳴鶴在陰』、『婦喪其茀』、『鴻漸於木』等數十篇，

皆是發人深省又寓教於樂、饒富哲理的優良故事集。

P.94

（8月23日～9月22日）

處女座・星座探秘

●位次與主管事項：

位於第六宮。主管工作與部屬關係、工人、電工、店員、清潔工人。

●精神能力與特質：

感覺敏銳、批評能力與分析能力很強、注意力集中。守規矩、態度柔和、謙恭有禮、細心體貼愛沉思、個性強、易緊張、愛挑剔。

●戀愛速配對象：

第一名：金牛座、處女座。

第二名：天蠍座、巨蟹座。

●誕生石及幸運色及飾品：

誕生石是藍寶石。幸運色為深藍色、灰色。幸運飾品為純銀飾品。

●幸運旅行國家及城市：

土耳其、希臘、瑞士，巴黎、波士頓、海德堡。

處女座（8月23日至9月22日）

處女座＋紫微命格的人

（處女座・紫微）的人，一生都受人尊重。即使他犯錯，朋友或師長、長官都會容忍他，不太計較。但此命格的缺點是耳根子軟，愛打聽及聽信流言，有時人際關係有缺失。

戀愛運

（處女座・紫微）的人，在戀愛方面他們較重視愛情的持久性，不會談一見鍾情的戀愛。他們桃花雖多，但都是經過他們多次確認與考察之後才交往。他們十分驕傲，注重外貌。不過，如果你甘願為他所驅使，他們也會考慮選擇醜一點的你為情人的。

命運特質

這個處女座月份的『紫微』坐命者屬於命格裡秋季金多的人，因此性格會較硬、固執，也更穩重、受人尊重、有嚴肅、守分際，讓人敬服的外表。個性慢，保守、自信心強，一板一眼、很會理財及打掃家裡。此命格的人，為人小心謹慎，凡事會多用心考慮，才會踏出步伐。他們的極度保守，會讓人驚訝不解，常讓人有不合群之感。但其人很有耐性，在重要時刻，他特別喜歡掌控主導權。

紫微＋土象星座 算命更準！

金錢運

（處女座・紫微）的人，在金錢運上很是不錯的。會存錢，也能買一些房地產，但未必守得住，會有變化多的問題。命格中金重的人可以存得住房地產。

事業運

（處女座・紫微）的人，在事業運上也很算順利。一般可做小主管或機構分部的主管。未必能為大老闆，這是因為你們愛享福的時間多，喜歡算計，但努力不夠多，並且你們也不想操勞及自找麻煩，因此會選擇舒適的生活。故而事業做不大。

健康運

（處女座・紫微）的人，在健康運上還不錯，亦會常有小感冒或腸胃、消化道的小毛病，問題不大。此命格要小心心臟病、高血壓、腦溢血、中風等問題，或耳病、手足傷災。

磁場相合的星座與命格

（金牛座・天同） ❤❤❤❤❤

（摩羯座・武相） ❤❤❤❤

（天蠍座・貪狼） ❤❤❤❤

（巨蟹座・廉貞） ❤❤❤❤

不想與其溝通的星座與命格

（牡羊座・廉貞）

（牡羊座・廉貞）的人，很好鬥爭，常愛比輸贏，（處女座・紫微）的人嫌麻煩，懶得理。

處女座＋紫府命格的人

命運特質

處女座的『紫微・天府』坐命者，是生於三秋屬金旺的氣候，『紫微・天府』都屬土，因此是較硬的土。通常命裡土多的人。很穩重，保守，主富。他們很會計算錢財，財運也特好，凡事謹慎，做事認真，個性一板一眼，使人有信賴感。年齡漸長時會世故及處世圓滑。

（處女座・紫府）的人，走大運時，必須順行大運才好。生活舒適，物質享受很多。逆行大運的人，也會青少年運程很差，要到三十多歲才開運。

（處女座・紫府）的人，龍年及狗年會有『爆發運』。能得大財富。所以一生還算順暢。此命格的人大多半缺乏『陽梁昌祿』格，所以不會念書，會專心賺錢理財。大都能做個富翁級的人物。他們大多是家中有困窘問題的時候出生的，出生以後，便解決了家中的困難。所以是復建能量很大的人。

戀愛運

（處女座・紫府）的人，雖然內心保守，但在感情世界尺度也寬，會找和自己性格不同的人相戀。他們也十分重視性愛生活，常懷孕了，才發覺彼此性格不合。是故此命格的人的戀愛次數多、結婚次數也多。常找到不對的人。你們喜歡能照顧你們生活小節的人，但不容易找到。

金錢運

（處女座・紫府）的人，比一般人

紫微＋土象星座 算命更準！

金錢運好很多了。你們對金錢的敏感力超過很多人，還有每隔七年的爆發運，這樣一生有個六、七次爆發運。故而你們很會存很多錢和房地產。此命格的人老年時適合做寓公過活的。

事業運

（處女座・紫府）的人，只會做最簡單粗俗的工作，是直接賺錢的方式，或用靈感來賺錢，卻不會多花心思去傷腦筋來賺錢。做零售業、或簡單的買賣業，能迅速入帳就行了。因為你們有爆發運，靠樂透，或每隔七年有機緣、機會賺到大錢，發大財。可是要成為集團大老闆，機會不多。

健康運

（處女座・紫府）的人，一般健康情形還好。但要小心脾臟、大腸等問題。有時有肺部、感冒、耳病的問題。也要小心乳癌，或生殖系統的毛病。

磁場相合的星座與命格

（處女座・七殺）♥♥♥♥♥

（金牛座・武曲）♥♥♥♥

（巨蟹座・廉相）♥♥♥♥

（天蠍座・武相）♥♥♥♥

不想與其溝通的星座與命格

（摩羯座・廉破）

（摩羯座・廉破）的人頑固又猖狂太浪費，（處女座・紫府）的人很小氣，看不慣。

處女座+紫相命格的人

命運特質

（處女座的『紫微．天相』坐命者，因為生在處女座，三秋金重，天相福星屬水，金會生水。故此命格的人很會享福，也很會做事。這也是『處女座』中很易形成的命格。外型乖巧、體面、個性保守、使人喜愛。但他們非常頑固，自有主見，但還圓滑。不會正面反叛，會偶而做些出格的事。但不會太超過。大多數時間他都會心情開朗及工作順利。

（處女座的『紫微．天相』坐命者，理想高超，但常會不切實際，偶而和上司、老闆格格不入。他們沒有貴人運，也和長輩不親，不喜歡長輩管，更不聽長輩的話，會躲著他們，因此蔭疪也少，凡事要靠自己打拼努力，升職升官也升得慢。他們的性格略微急躁、容易鑽牛角尖。他們的財運很好，會小心謹慎發展理財的長才。

戀愛運

（處女座•紫相）的人，外貌帥氣美麗氣派、十分英俊及人緣好、桃花強，是男女都愛的好對象。但他們不擅戀愛手段，也不了解異性的內心想法，更無心揣摩。常被配偶嫌棄。你還是頑固不改的人。因此總找到性格不合而爭執的對象，婚姻有小疙瘩。

金錢運

（處女座•紫相）的人，金錢運特

佳，也很會存錢，注重生活品質。特別對賺錢的事很敏感，也喜歡和人討論賺錢的事。他對家人會有些煩感，父母幫不了他，對他照顧也不好。家人和朋友會讓他破財。因此他會很辛勞。不過他還是會找出獨自可享受的舒適生活。更會留有餘錢來享受的。

事業運

（處女座・紫相）的人，在事業運方面很會自己經營，創造好的事業發展。並且常規劃遠大的理想和願望。因此這個命格的人，必須有理想，但常常會修正或改變理想，將來也未必會實現。亦可能理想常無疾而終。

健康運

（處女座・紫相）的人，在健康方面是十分好的。但要小心淋巴及膀胱、泌尿系統方面的毛病。或水道系統的問題。

磁場相合的星座與命格

（金牛座・破軍） ♥♥♥♥♥
（處女座・武府） ♥♥♥♥
（天蠍座・廉貞） ♥♥♥♥
（巨蟹座・天梁） ♥♥♥♥

不想與其溝通的星座與命格

（雙魚座・廉貪）

（雙魚座・廉貪）的人運氣不好又多愁善感，（處女座・紫相）的人覺得他不好惹。彼此看不慣。

處女座＋紫貪命格的人

命運特質

（處女座•紫貪）的人，姿態優雅迷人，又有某種性感，異性緣特別多。你們拍馬屁很在行，會深受上司器重，升官的機會很多。

（處女座•紫貪）的人，會保守固執，但身材體型都好，在交際圈中受人喜愛。此星座的『紫貪』坐命者，因為紫微屬土，貪狼屬木，本身有點土木相剋，又生在處女座金氣重之時節，金木又相剋了，所以『處女座的紫貪坐命者』在人數上是較少的。並且他們是頑固較多，運氣實際沒那麼好。主要靠紫微平復復建的力量在支撐。

（處女座•紫貪）的人，雖人有些桃花，但會挑人。你們選擇配偶也注重條件，會找到家庭較富有的配偶。配偶或對你的助力大。但仍要小心輕易沾惹桃花運的問題，以防損害自己的名聲與前程。

戀愛運

（處女座•紫貪）的人，在戀愛運上很順利。但你們很挑剔，你們喜歡悶騷型的人。此命格的人精神與肉體並重。他會選擇一位實質對他最有幫助的人做配偶，這人也會是同時具有性愛能力的人。

金錢運

（處女座•紫貪）的人，其金錢運不算好，因為貪狼好運星被剋了，你們又愛享受和交際，花錢會浪費。因為你們賺得少，花得多，所以你們很會精挑細選能幹的配偶，來幫你理財。除非此人有爆發運，就會有大財富了。

事業運

（處女座•紫貪）的人，在事業運方面，能靠情人或配偶幫忙升官發財，但若只是個普通上班族就成就不高。若做軍警職的工作，若再有爆發運，會有做大官或升高職的機會，也會爆發大財富，富貴都有。才會財運特佳。此命格的人非常喜歡享福，喜歡衣食享受，喜歡用精品，也是生活上浪費較多的人。事業上卻賣力不多。

健康運

（處女座•紫貪）的人，一般都身體康健，但要小心高血壓、心臟病等，以及耳病、或性病。也要小心痛風、痔瘡、大腸、消化系統的病變。

磁場相合的星座與命格

（金牛座•祿存）♥♥♥♥♥
（摩羯座•天府）♥♥♥♥
（天蠍座•廉府）♥♥♥♥
（巨蟹座•天相）♥♥♥♥

不想與其溝通的星座與命格

（寶瓶座•巨門）

（寶瓶座•巨門）的人太愛嘮叨，很情緒化，（處女座•紫貪）的人不想惹他，懶得理他。

處女座＋紫殺命格的人

命運特質

（處女座・紫殺）的人，此星座的『紫殺』坐命者，也是命裡金多的人。七殺屬火金，生於三秋之時更多金，因此其人脾氣硬、更頑固，自我意識強，獨斷獨行。此命格的人也會有爆發運，多半爆發在中晚年，能得大財富。他還是個有些吝嗇的人。

（處女座・紫殺）的人，喜好苦幹，有極端的耐力。對他們不感與趣的事情不理不睬。此命格的人口才很好，做房屋仲介很好，但他們會做五花八門的工作。離開錢的話題，他就不感與趣了，他就很冷淡以對。

（處女座・紫殺）的人，出生時是父母正好運、正忙碌之時，所以他們也喜歡工作打拼，學父母一樣努力賺錢。生到這樣的小孩，家業和家運也會蒸蒸日上的。

戀愛運

（處女座・紫殺）的人，本身脾氣硬，喜歡個性懦弱的人做配偶。，他們會有英雄主義，因此喜歡另一半能依附於他。他討厭比他強的人。他喜歡自己命令人，而不是受制於人。故而他們的配偶多半是矮個子、胸脯大，或是好好先生。

金錢運

（處女座・紫殺）的人，其金錢運

都很厲害，經常有意外的財運。牛年、羊年有爆發運。往往會挑起養家的責任。甚至連配偶家也一起養。他們也能積蓄錢財，或多買房地產蓄財。

事業運

（處女座‧紫殺）的人對賺錢不多的事沒興趣的。通常沒興趣時就會懶惰。會做雜亂或粗俗的工作。通常他們喜歡做官。例如組長、主任、廠長之類，很難做個螺絲釘。此命格的人也不適合做文職，會賺錢少。適合做武職（軍警職）、或開設工廠等職，會有很大的發展。也會發大財。

健康運

（處女座‧紫殺）的人，一般都很強壯。但要小心膀胱、尿道、淋巴系統、以及生殖系統的毛病。或乳癌、下腹部疼痛的問題。

磁場相合的星座與命格

（處女座‧武貪） ♥♥♥♥♥

（摩羯座‧廉破） ♥♥♥♥

（天蠍座‧天府） ♥♥♥♥

（巨蟹座‧天相） ♥♥♥♥

不想與其溝通的星座與命格

（雙魚座‧武破）

（雙魚座‧武破）的人會和他們搶錢賺，很兇。（處女座‧紫殺）的人跟他們說不通，彼此看不慣。

處女座＋紫破命格的人

命運特質

（處女座•紫破）的人，此星座的『紫破』坐命者，是命格裡金多的人。因為破軍屬水，生月是三秋金重之月，生水生得多。紫微屬土的力量要蓋住水，是不容易的。因此紫微復建的力量較弱，破軍愛打拼、破耗的力量較強。但他們仍然頑固、自我意識強。喜歡多投資、好打拼，勇於創業。他們在理財上，敢衝鋒陷陣，是故也有大起大落的人生。這是和一般處女座保守心態不一樣的地方。

（處女座•紫破）的人，因為金生水多，身高較高，臉面雖有破相。人生也會多變化。你也常對周遭環境挑剔，與人不合是非多。慾望多，生活也會放縱。

戀愛運

（處女座•紫破）的人，破軍水多主洩。其戀愛運只是露水鴛鴦的姿態。你們注重外表長相，對人挑剔，是外貌協會，但知己的對象難求。一生裡會有多次婚姻。戀愛也常和人生起落有關，不算順利。

金錢運

（處女座•紫破）的人，也喜歡理財，但投資及賺得錢比花的多。你們根本沒有偏財運。賺的都是辛苦錢。常要付出較多的勞力才能賺到錢。其實你們天生的理財能力不佳，不會記帳算帳，若有進賬，也會很快花掉。這是處女座中最不會理財者。

事業運

（處女座・紫破）的人，如果做文職不佳，若長相太秀氣的人，命格中會有文昌、文曲，也容易是『窮儒』的人，一生也窮。在工作方面，投資要小心血本無歸。理財的能力天生不佳，工作多變化與轉職。常會做沒有職稱，或職稱不高的工作。做軍警職較好，會升官得財。在政治圈或軍警業能升到高職位。你不適合做生意，會做不長，或損失掉本錢。你適合做開創新局、或修理再造的工作。如造船廠、煉鋼廠等。

健康運

（處女座・紫破）的人，一般健康運還好，但要小心糖尿病、脾臟、胃病、耳朵，泌尿系統或淋巴系統的毛病。

磁場相合的星座與命格

（處女座・天相）♥♥♥♥♥

（摩羯座・武殺）♥♥♥♥

（天蠍座・廉貪）♥♥♥♥

（巨蟹座・同梁）♥♥♥♥

不想與其溝通的星座與命格

（射手座・巨門）的人

（射手座・巨門）的人常大嘴巴，會說出他的秘密。（處女座・紫破）的人對會洩秘的人會強加防範。

處女座＋天機命格的人

命運特質

（處女座‧天機）的人，是性格上保守又聰明的人。但精明、愛計較。性子急，但表面態度嫻雅，會偶而有點神經質。

（處女座‧天機）的人，是內心容易改變心意很快的人。天機五行屬木，和處女座三秋金旺，是相剋的，所以此命格的人內心衝突較大。不過在運氣上，命格居旺的人運氣好，命格居陷的人運氣差。其工作上是保守的薪水族，即使為生意人，也會固定上下班的工作流程，不喜加班。喜歡固定的生活作息，很少會妄想發大財的人。

戀愛運

（處女座‧天機）的人，在戀愛運上是隨遇而安的，碰到誰就是誰。要寬容的對待他們，才有可能戀愛。他們常用無理取鬧來試探對方的寬容度。行徑怪異。在戀愛上多是非。結婚以後是非較少。

金錢運

（處女座‧天機）的人，在金錢運普通。多金的父母會資助他。他們並不積極於賺錢。父母過世，他們也會有豐復的遺產可用。此命格的人偏財運、爆發運少。但生活無虞。

事業運

（處女座•天機）的人，在工作上只是固定的上班族，過薪水族生活。一般他們無大志，也不想太辛苦賺錢工作。他們也會在家族事業中工作，守祖業也能快樂生活。他們也很適合做公務員，地政事務所和財稅機關有很多此命格的人。雖然他們很聰明，喜搞怪、是非多，但還是知道在工作上要奉公守法的。

健康運

（處女座•天機）的人，一般會有手足傷，和頭臉有破相。身體還好，但要小心肝、腎、肺部及大腸、脾胃的毛病。也要小心性無能的問題。

磁場相合的星座與命格

（金牛座•巨門）❤❤❤❤❤
（摩羯座•同梁）❤❤❤❤
（天蠍座•太陰）❤❤❤❤
（巨蟹座•太陽）❤❤❤❤

不想與其溝通的星座與命格

（獅子座•廉破）

（獅子座•廉破）的人脾氣沖、愛多管人，又常教訓他。（處女座•天機）的人不喜歡被數落，彼此看不慣。

處女座＋機陰命格的人

命運特質

（處女座・天機、太陰）的人，是表面優雅、內心急躁，情緒又變化很快的人。頭腦聰明腦筋快。敏感力強，喜歡用第六感來決定人生的方向與判斷。

（處女座・機陰）的人，內心固執，只相信自己，很鐵齒。一生容易高低起伏，喜歡東奔西跑過日子，驛馬強，容易搬家和調職。做上班族是第一首選。用勞碌來緩和人生的起伏較好。天機屬木，太陰屬水，生於處女座金氣重之時，太陰的水會較多較重，情緒化的問題更嚴重，會重情不重理。但也更有溫柔多情的一面。一生運氣時好時壞，多外出跑跑，會改變運氣。

戀愛運

（處女座・機陰）的人，戀愛運特好。你們會吸引較陽剛的人來談戀愛。魅力十足。可是無法控制情緒的變化，戀愛也是時好時壞不長久的。特別愛試探情人的愛有多深或聽話的程度，會故意惹是非或分手，常會弄假成真。選寬大為懷的人做配偶才是正途，要能容忍他們的胡鬧。

金錢運

（處女座・機陰）的人，在金錢運

方面是薪水族格局。要天天上班領薪水過日子。一般來說他們的父母較有錢，有遺產可拿。若做生意，就會收入不穩定了。

事業運

（處女座‧機陰）的人，在工作方面，大多是熟人或長輩介紹。有貴人照顧，升職或升官很容易，十分好運。但若要成為大企業家或老闆還要看命中有沒有？

健康運

（處女座‧機陰）的人，普通健康都不錯，但要小心手足之傷，車禍，肝腎、大腸、淋巴腺體等的問題，以及性生活方面的問題。

磁場相合的星座與命格

（金牛座‧太陽）♥♥♥♥♥
（摩羯座‧巨門）♥♥♥♥
（天蠍座‧天機）♥♥♥♥
（巨蟹座‧同梁）♥♥♥♥

不想與其溝通的星座與命格

（寶瓶座‧紫相）☃

（寶瓶座‧紫相）的人是外重內急的人，（處女座‧機陰）的人也被打敗了，彼此看不慣。

處女座＋機梁命格的人

命運特質

（處女座・天機、天梁）的人，天機屬木，天梁屬土，原本命格就是土木相剋。生在處女座，三秋金氣重之時，性格會更固執，雖有小聰明，但不一定肯顯現出來。又或許聰明的部分會減少，天梁復建的部分會增多。所以你會用心照顧家庭或你認為重要的人。通常你愛為人出主意作軍師，並不負責任的也不保證有效，所以會引起別人的埋怨。

（處女座・機梁）的人，自己本身口才好，也喜歡善辯的人，這樣才棋逢對手。此命格的人貴人運特佳，老闆和上司會特別照顧他。但會引起同事的妒忌引起是非。運氣是起起伏伏的格局。

戀愛運

（處女座・機梁）的人，很喜歡愛說話打屁、常開玩笑，常跟他說廢話聊天的情人或配偶。只要有趣、精彩。他喜歡一生吵吵鬧鬧的熱鬧過日子，若吵到分手，那肯定是錢財出問題而分手的。

金錢運

（處女座・機梁）的人，是固定的薪水族的人。父母、長輩也會給錢。老闆、上司會給加班費。他們有『武貪格』爆發運，在牛年、羊年會爆發偏財運，格局大的話，能獲得大財富。

事業運

（處女座・機梁）的人，是標準的薪水族格局。事業發展不大，謹守本分，害怕公司有困難，會先落跑。若在家族公司工作，一般他會應付一下，總想跳槽去別家工作，但未必會去，只是說說。他適合做收拾殘局的工作或整理類型的工作。例如會計、記帳員、保險員等。

健康運

（處女座・機梁）的人，其健康運很好。但要小心脾胃、肝腎、大腸等消化系統的問題。手足傷、臉面有破相、車禍等問題。也要小心糖尿病、免疫系統的問題。

磁場相合的星座與命格

（金牛座・陽巨）❤❤❤❤❤
（摩羯座・祿存）❤❤❤❤
（天蠍座・天同）❤❤❤❤
（巨蟹座・同陰）❤❤❤❤

不想與其溝通的星座與命格

（雙魚座・廉破）

（雙魚座・廉破）的人演很大，（處女座・機梁）的人搞不過他，常被騙，又後悔，況且彼此價值觀差很多，彼此看不慣。

處女座＋機巨命格的人

命運特質

（處女座•天機、巨門）的人，是智慧高、口才好的人。他們個性頑固、給人個性古怪的感覺。通常他們有很好的家世背景，父母都是有教養或地位高的人。因此他們性格驕傲，不愛理人。他們可允文允武，文的可在學術機構有發展。武的可任軍警職高官。他們是適合公務員資格的人。

（處女座•機巨）的人，一生都是非多，也多半為人清高，貴人少，一切都要靠自己努力，非常辛苦。不過經過努力之後，其人的成就也會很高。另一些的（金牛座•機巨）的人，既不讀書又不做軍警職的人，會在民營企業或打零工維生，自然也談不上成就了。雖然他們也喜歡談理財，但成績普通。

戀愛運

（處女座•機巨）的人，在戀愛運上是起起伏伏變化多端的。有時候喜、有時候憂，這也和他們本身的情緒有關。雖然他們的戀愛經驗多，但不見得時常順利，常過段時間就換一個情人。這也和他們喜歡變化與常與人有是非口角有關。情人也受不了他們的挑剔行為。

紫微＋土象星座
算命更準！

金錢運

（處女座・機巨）的人，的金錢運是薪水族的財運，但很穩定，也會有積蓄。他們會用保守的心態在理財。即使賺得不多，也會生活得很好。

事業運

（處女座・機巨）的人，是固定工作的上班族模式。愛吃苦，需要有名聲，或有貴格，其工作才會高陞。若爆發運在虎年或猴年爆發的話，是容易財官雙美，出大名，又富有的。

健康運

（處女座・機巨）的人，大致身體很好。但要小心淋巴系統、血液系統或泌尿系統，如膀胱、尿道、腎臟、消化系統等的問題。

磁場相合的星座與命格

（處女座・日月）❤❤❤❤❤
（摩羯座・天同）❤❤❤❤
（天蠍座・太陽）❤❤❤❤
（巨蟹座・天相）❤❤❤❤

不想與其溝通的星座與命格

（寶瓶座・廉貞）

（寶瓶座・廉貞）的人很會做官，常會成為他們的上司。（處女座・機巨）的人很難忍受他們打官腔，根本是兩個世界的人，彼此看不慣。

處女座＋太陽命格的人

命運特質

（處女座・太陽）的人，太陽五行屬火，生在處女座是金氣重之時，秋天的太陽沒有那麼烈了，溫和許多。但太陽在申位，有日落西山之況。會有些無力，也特別喜愛賺錢。會有些勞碌。一般他們個性直爽，說話大聲。但此命格的人會態度優雅嫻靜一些。不會太猖狂大聲，做事會謹慎。

（處女座・太陽）的人，是寬大、慈善、坦白、少心機。此命格是少數理財能力較好的，但處女座的人愛賺錢，由拚命工作賺錢。有貴格的人能有名聲。財官雙美。命格中有『陽梁昌祿』貴格的人會有高學歷及大成就。

戀愛運

（處女座・太陽）的人，戀愛很平順。他們天生有陽剛的性格，容易吸引柔美的異性。此命格的人也易早婚，會晚婚的人是太挑剔的人。他們會覺得婚後的愛情淡而無味，經常有人會外遇，過段時間又回家了。

金錢運

（處女座・太陽）的人，常是上班族的薪水之資。很少會做生意。固定有錢進帳，對他們來說是最好的了。部分

紫微＋土象星座 算命更準！

人會有家產維生（父母或祖先留的財產），管理房地產或銀行存款生活舒適。

事業運

（處女座・太陽）的人，工作多半用口才或與是非有關。例如做教師、律師、保險業、廣播員、宣傳員、或政府官員等。命格中有『天刑』的人會做律師或法官。一生事業有起落。他必須先有名聲，才能得大成就與富貴。

健康運

（處女座・太陽）的人，一般身體強壯，但要小心高血壓、心臟病，以及腦中風等的疾病。有些人要小心糖尿病和高血脂、及膽固醇過高的毛病。

磁場相合的星座與命格

（金牛座・天梁） ♥♥♥♥♥

（摩羯座・太陰） ♥♥♥♥

（天蠍座・天同） ♥♥♥♥

（寶瓶座・巨門） ♥♥♥♥

不想與其溝通的星座與命格

（寶瓶座・廉破）

（寶瓶座・廉破）的人愛亂說嘴，（處女座・太陽）的人不想聽他胡扯。看不慣他。

處女座＋陽梁命格的人

命運特質

（處女座・太陽、天梁）的人，太陽屬火，天梁屬土，生於處女座三秋金氣重之時，性格會較硬一點。保守頑固的狀況更重。他們的理財能力較好，天梁的復建功能也較強，貴人運也較厚重。因此若有化權或貴格在命格中的人，容易得到大成就。

（處女座・陽梁）的人，大多有自己的想法，不喜別人管，雖然有長輩運，只喜歡長輩給好處，其他就別管了，否則他也想逃走。此命格的人桃花多，即使結婚後仍時時有牽連，小曖昧不斷，要跟此命格結婚的人要有心理準備。

戀愛運

（處女座・陽梁）的人，一生戀愛不斷，小曖昧多。其時你們也花了很多時間在研究結婚對象，但最後找到的配偶又未必是你的最愛。你們考慮太多，最後好對象都被人選走了。不過，你們天生討人喜歡，也容易落入愛情。

金錢運

（處女座・陽梁）的人，財運不錯，但不過是收租、或薪水族的收入過日子。可是會有家產，一生富足。命宮在酉宮的人，會做跌打損傷的接骨師父賺錢，或靠算命排卦賺錢。有貴格的人，

紫微＋土象星座
算命更準！

能做國家公務員，薪資很高。

事業運

（處女座•陽梁）的人，其工作運可靠貴人介紹，你們對地位的高低不介意，只想做大事。有貴格的人能有大成就。無貴格『陽梁昌祿格』的人，就是一般的薪水族。

健康運

（處女座•陽梁）的人，都身體健康，但要小心高血壓、腦中風、脾胃的問題，或糖尿病、皮膚病、及甲狀腺的問題。子時、午時生人會無財也無福。因為天空、地劫一起俱在其財帛宮或福德宮，會手邊無財，也福少，易早夭。

磁場相合的星座與命格

（金牛座•太陰）❤❤❤❤❤
（摩羯座•同巨）❤❤❤❤
（天蠍座•機梁）❤❤❤❤
（巨蟹座•天同）❤❤❤❤

不想與其溝通的星座與命格

（寶瓶座•廉殺）

（寶瓶座•廉殺）的人太固執，又愛鬧彆扭。（處女座•陽梁）的人無法應付，價值觀也不同。

處女座＋日月命格的人

命運特質

（處女座・太陽、太陰）的人，太陽屬火，太陰屬水，生於處女座三秋金重之時節，日月本身火水相剋，但金生水多。因此此命格的人會太陰旺一點，也會多情、多感，陰財也多，儲蓄很多，會理財是其強項。但容易鬧情緒，會阻礙自己的財運和錢財。

（處女座・日月）的人，是溫柔又帶點陽剛的人，很有異性緣，也會男女都喜愛他們。他們很愛談戀愛。一生職志在找尋戀人。工作與賺錢只是生活而已。他們更愛享受物質生活。喜歡愜意人生。

戀愛運

（處女座・日月）的人，多半以找尋戀人為人生職志，又喜常換戀人，他們喜歡戀人侍候他們，戀愛過程中經常是坎坷不堪的。最後還是初戀情人上榜。他們希望戀人或配偶整天陪他玩、或享受，希望他們也別工作，一起待在愛的漩渦裡。

金錢運

（處女座・日月）的人，是標準薪水族的財運。若家境好，會生活富裕。

若要靠自己賺錢，財運就會好好壞壞的不穩定了。另外要看大運好壞，好大運時可有十年富足生活。

事業運

（處女座・日月）的人，其事業運是不算好，沒有貴人幫忙。你們也不喜競爭，時間都花在談戀愛上，沒有上進的企圖心，故事業運不算好。做一般的上班族或教書職務，生活平順就好。

健康運

（處女座・日月）的人，因為生於三秋金氣重之時節，身體還好，但要小心有傷災、車禍。還要小心血液的問題。

要小心一切與手足神經有關的問題。

磁場相合的星座與命格

（金牛座・機巨）♥♥♥♥♥

（摩羯座・天同）♥♥♥♥

（天蠍座・同梁）♥♥♥♥

（雙魚座・破軍）♥♥♥♥

不想與其溝通的星座與命格

（天蠍座・廉貪）

（天蠍座・廉貪）的人個性直，說話難聽，又不會哄人，（處女座・日月）與他磁場不同，話不投機，彼此看不慣。

處女座＋陽巨命格的人

命運特質

（處女座‧太陽、巨門）的人，話多，很聒噪，嗓門大，好吹噓，讓人覺得熱情，但有時會讓人不高興。他們的性格常火爆，有時又沒脾氣，是個直腸子個性，沒心眼。

（處女座‧陽巨）的人，生於處女座三秋金氣重，太陽屬火會較弱，巨門屬水會更旺。所以此命格的人，會話更多，是非也更多。但在事業及工作上會怠慢。此命格的人會較記仇，有時不是寬宏，而是乏振無力。在工作上會怠惰。你的人生中仍充滿競爭，戀愛和工作都是，但你仍會緩慢而行。命格中有『天刑』的人會做接近刑罰的工作。

（處女座‧陽巨）的人，你們的財、官都是空宮，大運命盤上又有四個空宮，還有廉破和天相陷落兩個衰運，所以要多努力才會有出頭天。

戀愛運

（處女座‧陽巨）的人，因為生於三秋金氣重之時，話多愛表現，擅於糾纏，還死心眼，會窮追猛打的去追求心儀之人。此命格的追星族有不少。你們喜歡外型俊俏柔美的人，常與人競爭而未必能如願。你們也會與人共享情人，而不忌諱。

金錢運

（處女座‧陽巨）的人，本命是『機月同梁』格，是薪水族的財富格式。父母也窮，你只能隨遇而安，或靠自己向外發展來賺錢。你們在丑年、未年是有爆發運，能得一點財富。多學習理財技術，才能保存財富。

事業運

（處女座・陽巨）的人，其官祿宮是空宮，可說是事業運不強的。會東奔西跑做不長。命、財、官、遷四宮有吉星進入的人，會事業成功。本命有『天刑』的人會做律師、法官，或法院工作。命中有財旺的人會做生意人。多半與口才有關的工作，保險經紀、老師、解說員、醫護工、接線生、司法人員、醫護員都很適合。

健康運

（處女座・陽巨）的人，其健康情形，表面還健康，但中年小心病痛。膿血之症、淋巴系統的毛病、或大腸、肺部、消化系統潰爛、高血壓、心臟病等。

磁場相合的星座與命格

（金牛座・同陰）♥♥♥♥♥
（摩羯座・天機）♥♥♥♥
（天蠍座・機梁）♥♥♥♥
（巨蟹座・太陰）♥♥♥♥

不想與其溝通的星座與命格

（寶瓶座・武破）

（寶瓶座・廉破）的人性格強勢說話更兇，（處女座・陽巨）的人雖話多，但吵不過他，根本不理會。

處女座＋武曲命格的人

命運特質

（處女座‧武曲）的人，因為是生於處女座三秋金氣重之時，此命格的武曲坐命者，因武曲也屬金，故是金氣極旺。會脾氣更硬，較沈默、話少，但會守承諾，會做有極端決斷性判斷的人。

（處女座‧武曲）的人，容易喜怒哀樂都表現出來。做事一絲不苟，勤奮、愛打拼、愛賺錢，但並不一定會數錢、算帳。他們是節儉及守財奴型的人。

（處女座‧武曲）的人，本命就有『武貪格』爆發運格，因生在秋季金旺，八字中若再有火，會暴發一生的大富貴。算是份外好運的人。此命格的人即使做軍警業，也會大發，富貴都有。

戀愛運

（處女座‧武曲）的人，是用感覺來談戀愛的人。感覺對了，很少會改變或換情人。會從一而終。若遇到感覺不對的人，會立即分手離開。毫不留情面。他們喜歡有工作能力的人，不喜歡沒用的人。

因此通常他的配偶都會很忙碌，會有自己的工作和事業。通常他們會晚婚，中年後他們會更吝嗇，更不易結婚。

金錢運

（處女座‧武曲）的人，很會賺錢。又很小氣吝嗇金錢，因此可存很多錢。他們很喜歡存現金在銀行裡，因為田宅宮是天機陷落，所以較少買房地產。此命格的人適合做金融業、金屬類產品的生意、或賣汽車、飛機、機車、刀劍、金飾品、鐵鍋、鐵桶、金屬材料等。即使做軍警業也能賺到國防用品或軍需品的周邊錢財，或發戰爭財。龍年、狗年有爆發運，能得大富貴。

事業運

（處女座•武曲）的人，其事業運特佳，從商可做大企業、大老闆，若從軍警職也能升高官。並可管理財務。天生喜歡賺大錢，不喜小錢。理財能力雖不強，卻最會賺錢。持續努力，能追求做首富。

健康運

（處女座•武曲）的人，一般來說健康運不錯，但要小心大腸和消化系統的問題，以及肺部、支氣管炎、大腸癌、糖尿病及泌尿系統、膀胱等問題。

磁場相合的星座與命格

（金牛座•紫府） ♥♥♥♥♥

（處女座•武相） ♥♥♥♥

（摩羯座•廉相） ♥♥♥♥

（巨蟹座•武貪） ♥♥♥♥

不想與其溝通的星座與命格

（寶瓶座•破軍）

（寶瓶座•破軍）的人言行都大膽、常不守規矩，（處女座•武曲）的人很注重原則，金錢價值觀不同，彼此看不慣。

處女座＋武府命格的人

命運特質

（處女座‧武曲、天府）的人，因為是生於處女座三秋金氣重之時，故武曲的金會更旺，天府的土會被洩弱。故此命格的人，會特愛賺錢，又很會賺錢，但存錢的能力會弱一點。

（處女座‧武曲、天府）的人，雖愛賺錢，但未必會做生意人，此命格很保守，易做公務員，或軍警、教職，很認真工作，一生努力、忙碌，雖固執、吝嗇，但對父母兄弟好，但與配偶卻感情不睦。六親關係中必有一破。這是人生之憾事。在其人生中時有起伏，命中有貴格的人少，否則能做大官。但勤勤懇懇也能一生平順。

戀愛運

（處女座‧武府）的人，夫妻宮是破軍，戀愛不順利，都喜歡和思想相異的人談戀愛，起先覺得新奇，結婚後會很痛苦。你們常看錯人，總找到價值觀相異的人來練功夫，故而人生不算幸福。因為你的父母就是感情多變的一對，所以你也以為夫妻本來就是吵吵鬧鬧的，以致於對挑選戀愛對象不精準。

金錢運

（處女座‧武府）的人，財運不錯，你們愛賺錢。卻沒別的星座存的多。你們也會摳門，對錢財吝嗇。一心專想賺錢的事，是辛苦經營累積財富。你們

紫微＋土象星座 算命更準！

是固執又小心的守財奴。你們是貪心有餘，但真正享受到的財福不多。

事業運

（處女座・武府）的人，工作與事業運是極高的，你們很能幹，上司與老闆都會很信賴你們。你們是很好的管理人材，業績和收入金額也會蒸蒸日上，常創下新高，讓老闆與同事都一起與奮。你們能在事業上努力打拼有成就。工作內容大多數是公家機構工作、或軍警、教職，很少做生意的人。你們膽小於投資，保守固執。按部就班的工作升職，慢慢可有大成就。

健康運

（處女座・武府）的人，身體健康，要小心心肺功能、感冒、肺炎、和膀胱、生殖系統的毛病，也怕乳癌、下半身寒涼、高血壓、腹痛等毛病。

磁場相合的星座與命格

（金牛座・七殺）❤❤❤❤
（摩羯座・紫相）❤❤❤❤
（天蠍座・廉貞）❤❤❤❤
（巨蟹座・天府）❤❤❤❤

不想與其溝通的星座與命格

（雙魚座・武破）

（雙魚座・武破）的人和武府的人都是比賽摳門的人，（處女座・武府）的人沒辦法比過他，彼此看不慣。

處女座＋武相命格的人

命運特質

（處女座•武相）的人，生於處女座三秋金氣重之時，故武曲的金會更旺，而天相屬水，天相的水會更多。此命格會比其他星座的人愛享福，能得的財富也多，但勞碌依然。因為天相是勤勞的福星，必須勤勞才有福享。此命格的人會理財，會打掃整理，不會像火重的星座的人較懶於打掃。

（處女座•武相）的人，如果命格中有貴格，會做官，成就較好。你們一生有父母依賴。能接收父母創下的大績業，也能成為富二代。

戀愛運

（處女座•武相）的人，戀愛運較遲，會晚婚。你們多半要別人來追，男性容易被女性掌握追走。女性就要等待有緣人了。不了解異性和太愛享福，是兩大原因。小心你們會找到麻煩及較窮的配偶，辛苦成家。

金錢運

（處女座•武相）的人，財運好，也是愛花錢，又愛享受的人。多依靠父母衣食無虞。能有好的收入，但懶惰於求上進，你們大多有家業會傳給你，或找到好職業，有現成的可享受。適合多外出旅遊或運動會財運大開。

紫微＋土象星座
算命更準！

事業運

（處女座・武相）的人，其工作運極佳，可做老闆或主管。公務員、或做賣衣食的商人，但你們愛享福，打拼的時間不長。生於處女座的人雖很享福，財多，但仍需努力，才能成就好的事業運。雖然你們事事要求完美，但對自己很開明、開放，你們會順著自己的心意一面享福、一面創業。你們會做和衣、食相關的行業生意。

健康運

（處女座・武相）的人，外表健壯，但要小心高血壓、心臟病、脾胃的毛病，糖尿病、火氣重、常感冒、肺部、支氣管炎、大腸疾病、便秘等。

磁場相合的星座與命格

（金牛座・貪狼） ♥♥♥♥♥

（摩羯座・紫微） ♥♥♥♥

（天蠍座・太陽） ♥♥♥♥

（巨蟹座・太陰） ♥♥♥♥

不想與其溝通的星座與命格

（寶瓶座・天機）

（寶瓶座・天機）的人太愛耍小聰明，（處女座・武相）的人不想理他，享福方法與人生觀不同，彼此看不慣。

處女座＋武貪命格的人

命運特質

（處女座•武貪）的人，生於處女座三秋金氣重之時，故武曲的金會更旺，而貪狼屬木會受剋較重，因此需要有火來觸發偏財運。如果命格中無火，運程也沒火，爆發運就不發或不大了。此命格的人，性格更硬，脾氣古怪，話少，講信用，不喜往外跑，會保守很多。只專注在賺錢。

（處女座•武貪）的人，普通都有好運氣。但一生會起起伏伏。不過到牛、羊年都能爆發。由其火土重的年份，爆發更大。

（處女座•武貪）的人，會有好的配偶幫忙理財，家庭和樂。再有貴格的人，人生成就會更大。

戀愛運

（處女座•武貪）的人，會晚婚，能找到會理財、家境好的配偶。他們天生有財氣和帶些霸氣的魅力，很吸引人。因此能成為名門貴戶的女婿或媳婦。此命格的人本身也很會挑選，如果配偶不合格便很容易淘汰掉了。

金錢運

（處女座•武貪）的人，是財運及一般運氣都好的人，但為人不大方很吝嗇，很會賺錢但自己手頭鬆，只花錢再自己身上，並不會理財，故而重視配偶的理財能力。在牛、羊年他們都有爆發運，會發富。兔、雞年會破敗，人生會

紫微＋土象星座
算命更準！

起落分明。若大運可好三個大運，便能成為億萬富翁。處女座此命格的人成為億萬富翁應該是人數第三名多的人。

事業運

（處女座・武貪）的人，工作運很好，又喜歡賺錢。一生奔波忙碌打拼，還是靠牛、羊年的爆發運，才能在事業上成功的，所以工作和財運是一體的。你們勇於投資，能抓住機會，這是能成就發大財的原因。此命格的人容易做軍警業，會立戰功爆發而得富貴。也會做生意人爆發而主富。你們會靠第六感預感得知會爆發的事件與時間。

健康運

（處女座・武貪）的人，身體健壯。但生於秋天金氣重之時，要小心肺部、支氣管炎、大腸、消化系統的問題，以及心臟病、高血壓，頭痛症。還有四肢酸痛的問題。

磁場相合的星座與命格

（金牛座・紫殺）♥♥♥♥♥
（摩羯座・天府）♥♥♥♥
（巨蟹座・武曲）♥♥♥♥
（巨蟹座・紫府）♥♥♥♥

不想與其溝通的星座與命格

（寶瓶座・破軍）

（寶瓶座・破軍）的人會用情緒化的字眼來借錢，（處女座・武貪）的人既不爽、又吝嗇，只有逃避他，彼此看不慣。

處女座＋武殺命格的人

命運特質

（處女座•武殺）的人，生於處女座三秋金氣重之時，故武曲、七殺的金會更旺，因此此命格的人，脾氣更硬、更頑固，心情也容易悶，腦筋食古不化，有自己的想法和規矩，更強悍執行。所以他們喜做決斷性的工作，如律師、法官等，或獄警。

（處女座•武殺）的人，從武職（軍警業）會較好。做文職，財祿不豐。如果堅持努力工作，也會有好的工作成就。由其做體力消耗的工作會很有成就感。你一生的命運會有起伏，要忍耐與堅持並重，會有好的成果。

戀愛運

（處女座•武殺）的人，雖然有個臭脾氣，但本身很有魅力，酷酷的，頗有個性。在人生的路途上，一定能找到你的靈魂伴侶，陪你度過一生。你的戀愛運、夫妻運非常好，有人陪你度過起伏的人生，因此你也不孤單了。同時，你的配偶是你最好助理及助手，他不但體貼你的辛勞，還會幫你打理生活上瑣碎的小事，照顧你的衣食住行，與精神上的煩惱憂愁，都一一幫你解除。

金錢運

（處女座•武殺）的人，雖然五行屬金，但財運並不佳。即使做金融業，也只是過過手而已，並不會成為自己的財富。而且此命格的人，很正直也很講原則，決不取不義之財。他們平常節儉吝嗇，但有理由的花錢，他們是很捨得的。他們會有理財高手的配偶來相幫生財，所以夫妻同心，其力斷金。

事業運

（處女座・武殺）的人，其事業運非常好，積極努力打拼、勞心勞力可有一片天，可做到高級主管的職務。因為你們對錢財並不看重，你們注重名聲和功勞，所以你們會埋頭苦幹，努力追求人生最高的目標。

健康運

（處女座・武殺）的人，健康良好。但要小心肺部、氣管炎、大腸、膀胱、生殖系統、及下腹部寒涼的問題。女性也要小心乳癌、卵巢、子宮等問題。男性要小心輸精管、尿道、攝護腺等問題。

磁場相合的星座與命格

（金牛座・天府）♥♥♥♥♥
（摩羯座・紫府）♥♥♥♥
（巨蟹座・廉貪）♥♥♥♥
（天蠍座・紫破）♥♥♥♥

不想與其溝通的星座與命格

（雙魚座・同巨）

（雙魚座・同巨）的人又懶，藉口又多，（處女座・武殺）的人，態度很兇，相互彼此看不慣。

處女座＋武破命格的人

命運特質

（處女座‧武曲、破軍）坐命的人，生於處女座三秋金氣重之時，故武曲屬金會旺一點，破軍屬水，也會多生水一點。是故此命格的人會態度洒脫，做事乾脆，不計較小節。也會愛講話，善辯一點。

（處女座‧武破）的人，原本是天不怕地不怕的人。此星座的人會略圓滑但仍不愛理人，但不會再那麼與人難纏。卻會在錢財上略保守。耗財仍很兇。對工作很努力，這時的你們對人有些冷感，太理智了，人緣上會有一些不親切。你們需要穿戴帶點土色或紅色的衣物用品，會增加自己的財運和人際關係。命格中有破軍的人，人生總有一破，要看破在哪裡或破在何時？你們需要有宗教信仰能幫忙你度過困難期。命格中有貴格的人，也會有大富貴。

戀愛運

（處女座‧武破）的人，你們很容易被漂亮美麗的人、事、物所吸引。但常並不一定知道自己真正要什麼，常隨環境變化出現的，就和什麼人在一起。並不挑的。故常有露水姻緣和多次婚姻。

金錢運

（處女座‧武破）的人，財運是辛苦艱難的。所以做薪水族、軍警業會較簡單順利。你也愛享受，有必要盡力保障生活之需。倘若卯、酉年有偏財運的人，會發富，但爆起爆落也十分明顯。

事業運

（處女座・武破）的人，在工作運上是特佳，可做到高階主管地位。更適合做軍警業、政治界，向外拓展業務人員、或情報蒐集人員、或是特別辛苦危險的工作。做文職則窮困。作辛苦危險的工作會賺得多。你們性格大膽，又敢於衝鋒陷陣，在戰場上廝殺，或遇見血光之事，也毫不懼怕。性格固執堅持，一定會完成任務。

健康運

（處女座・武破）的人，大致健康，但要小心高血壓，頭痛、中風、心臟病、糖尿病、脾胃方面的毛病、內分泌及淋巴系統的病症。傷災及車禍等。

磁場相合的星座與命格

（金牛座・天相）❤❤❤❤❤
（摩羯座・紫貪）❤❤❤❤
（巨蟹座・紫相）❤❤❤❤
（天蠍座・廉相）❤❤❤❤

不想與其溝通的星座與命格

（牡羊座・陽巨）☃

（雙子座・陽巨）的人很愛批評別人，廢話多，（處女座・武破）的人根本受不了，會跟他衝突吵架，彼此看不慣。

處女座＋天同命格的人

命運特質

（處女座•天同）的人，生於處女座三秋金氣重之時，天同屬水，會金生水，天同更旺。此命格的人，是更會享福，愛享受的人。不過他很會規劃享福的方法。因此你還不會覺得他懶惰呢！一般的天同坐命者都讓人覺得夠懶惰。

（處女座•天同）的人，是福星在命，喜歡享福及玩樂。生於處女座他們也玩得著。錢財也會順利一些。工作也會有貴人幫忙介紹。其命格仍然是『機月同梁格』的模式，所以做固定的上班族、薪水族，一切安穩度日。你們有多金的父母會資助你，生活十分愜意。命宮在巳、亥宮的人，是福王。你周圍的人都會是等在那裡侍候你的人。

戀愛運

（處女座•天同）的人，你們喜歡有高知識水準的人做對象，不喜歡粗俗、愚笨的人。但你們很容易碰到自以為聰明的人，或被人唬嚨，容易被人欺騙，也容易不小心碰到恐怖情人，千萬要小心。

金錢運

（處女座•天同）的人，其金錢運應該很穩定，有工作就穩定。沒工作的人會有父母長輩給錢生活。你們的金錢模式是薪水族格局的人，因此享受穩定的生活，就是你們的福氣！

紫微＋土象星座 算命更準！

事業運

（處女座・天同）的人，通常會做固定薪水的工作。也可能在家族事業中幫忙。此星座的人會運氣較好。命格有化權的人，也會領導力強，能坐上高級主管的位置。你們在人際關係方面很能幹，團體中有了你這顆福星，業務會一級棒。命格有化權的人，會做老闆。即使你做了老闆，仍是薪水族。你們不會向外投資別的生意的。

健康運

（處女座・天同）的人，你們身體健康，但要小心肺部、支氣管炎、大腸、免疫能力下降、耳朵、肝腎、腰痠背痛、淋巴系統、泌尿系統，內分泌系統都要小心。

磁場相合的星座與命格

（金牛座・機巨）❤❤❤❤❤

（摩羯座・日月）❤❤❤❤

（巨蟹座・太陰）❤❤❤❤

（天蠍座・天梁）❤❤❤❤

不想與其溝通的星座與命格

（牡羊座・廉貞）

（牡羊座・廉貞）的人凡事都有貪赧的目的，（處女座・天同）的人、對他很煩感，容易覺得被欺負，彼此看不慣。

處女座＋同陰命格的人

命運特質

（處女座‧天同、太陰）的人，生於處女座三秋金氣重之時，天同與太陰都屬水，會更旺。因此他是外表更如水一般，柔美溫柔動人。勤奮愛工作，財運也好，享福與戀愛也順利。

（處女座‧同陰）的人，喜以愛情與財運為人生目標。本來太陰與太陽一樣，是日月如梭的星座，會勞碌多的，但有居旺的福星相伴，太陰就只管談戀愛和收月錢、月租。天同就只管享福了。因此在他們的命中定有富裕的情人如貴人般的照顧他們。讓他們一生享受戀愛和衣食之樂的。

戀愛運

（處女座‧同陰）的人，其人生主軸是談戀愛。常有艷遇。戀愛對象能照顧他們的生活與財富。所以他們以戀愛維生。婚後也桃花運不斷，即使八十歲了也能靠桃花養老。此命格的人，外型美麗、柔美，女性會體態豐盈，婀娜多姿，胸部豐滿。男性會有女性的媚態，是標準的小三、小四的模型。同時他們也具有交際手腕，也會把戀愛對象侍候的心服口服。

金錢運

（處女座‧同陰）的人，財運是『機月同梁』格的格局。如果運氣不濟，遇到窮運，便要靠自己打拼生活之資了。但你們會有戀愛資本，有姣好的外型，你們在牛、羊年還有爆發運，因此能找到幫你脫貧的貴人對象。故而你們能比別人享受較多的物質享受。

事業運

（處女座•同陰）的人，其工作運也是『機月同梁』格的格局。做公務員或薪水族最佳，但你們通常窮的時候才工作。談戀愛時就能享福了。如果命格中有權、祿、科的人，你們可找到大企業家做貴人，享福的層級更高。有『馬頭帶箭』格的人，更能掠奪，這是一種能做大將軍，威震沙場。一種能設計人生爬上最高峰的格局。

健康運

（處女座•同陰）的人，一般都健康。因為水多，要小心腎臟和肺部的問題、膀胱不好、淋巴系統、泌尿系統、傷風感冒、乳房、生殖系統的問題。

磁場相合的星座與命格

（金牛座•天梁）♥♥♥♥♥
（摩羯座•太陽）♥♥♥♥
（巨蟹座•陽巨）♥♥♥♥
（天蠍座•機梁）♥♥♥♥

不想與其溝通的星座與命格

（天蠍座•紫破）

（天蠍座•紫破）的人很會諷刺別人，（處女座•同陰）的人本性愛嬌，無法忍受，彼此看不慣。

處女座＋同梁命格的人

命運特質

（處女座•天同、天梁）的人，生於處女座三秋金氣重之時，本命『同梁』已是土蓋水了。天同在金生水之下更旺。天梁屬土逢水多會洩弱。故此命格的人愛享福，也有福可享。他們動口不動手的狀況很嚴重，常指使別人做事，自己則懶得動。

（處女座•同梁）的人，智謀多，但不勞動，天生好命，只喜歡玩樂之事，不會想做大事。他們口才好，喜歡聊天擺龍門陣，少做正事。也怕負責任。雖然計算能力好，也常沒有用處。

戀愛運

（處女座•同梁）的人，喜歡談戀愛。口才好，愛聊天搭訕，善於把妹勾搭異性。他們的戀愛手法常是賺錢手法之一。即使結了婚，仍然艷遇不斷的人。此命格的人喜歡口才好、善辯、會拗、瞎掰、及閒扯淡的人，總之，帶些無賴手段的口才，是他們最喜歡、也最想學的戀愛技巧。從此他們就手到擒來了。

金錢運

（處女座•同梁）的人，其財運是上班族的格局。若能碰到財多官高的朋

紫微＋土象星座 算命更準！

友提攜，或介紹生財的機會給你，你就發富了。或嫁娶個有錢的配偶帶財富給你。

事業運

（處女座・同梁）的人，喜歡玩樂享福，你是靠聰明而擁有工作。你適合開民宿，或遊樂園。最好還有發明物品的能力，例如食品類、零食類或幼稚園為業。

健康運

（處女座・同梁）的人，身體健康，但要小心脾胃、膀胱的毛病、腎虛、糖尿病、免疫能力失調、大腸、耳朵及肺部、氣管炎、感冒等疾病。

磁場相合的星座與命格

（金牛座・天機）❤❤❤❤❤
（摩羯座・巨門）❤❤❤❤
（巨蟹座・太陰）❤❤❤❤
（天蠍座・天相）❤❤❤❤

不想與其溝通的星座與命格

（寶瓶座・廉破）

（寶瓶座・廉破）的人說話較狠，一針見血，會嗆聲（處女座・同梁）的人會被嗆聲，彼此看不慣。

處女座＋同巨命格的人

命運特質

（處女座・天同、巨門）的人，生於處女座三秋金氣重之時，溫和、愛說好話，假里假氣，裝作有教養的人，但是非口舌不斷的人。天同、巨門也都屬水，生於金氣重之時，水更多，會較懶，更愛說廢話。

（處女座・同巨）的人，更喜歡玩樂享福之事，所有的小聰明都用在玩樂上。也與兄弟姊妹多是非爭吵。此星座的人，你的父母對你更偏心，會護衛照顧你。你一生好命，命坐丑宮的人也會有財多的配偶養你、愛你。你們的成就在家裡。有『明珠出海』格的人，命格主貴，可讀書考試第一名，亦可被貴冑層級的皇族家庭選為駙馬的人。會有富貴人生。（※『明珠出海』格請參考法雲居士所著《使你升官發財的『陽梁昌祿格』》一書。）

戀愛運

（處女座・同巨）的人，是戀愛高手。會哄人，達官顯貴會成為你的朋友。你很會拍馬逢迎，也能幫配偶升官發財。故而是個很好的賢內助。

金錢運

（處女座・同巨）的人，其人的財

紫微＋土象星座

算命更準！

運不錯，配偶較富有，父母長輩也會給錢。自己只能賺薪水族模式的錢，命財官等俱陷落。生財之道就是靠家人。婚前靠父母，婚後靠配偶。

事業運

（處女座・同巨）的人，沒有事業運，但會享到財福。喜愛玩樂，家人也縱容寵愛他玩樂，故是一個好命的人。如果大運不佳，就會過窮困日子，自己就要打工了。

健康運

（處女座・同巨）的人，健康運普通。中年以後要小心耳朵、心臟及內分泌有問題、淋巴系統、消化系統的病症，或膀胱、腎臟、生殖系統的開刀手術。

磁場相合的星座與命格

（金牛座・太陰）♥♥♥♥♥

（摩羯座・太陰）♥♥♥♥

（巨蟹座・天機）♥♥♥♥

（雙魚座・太陽）♥♥♥♥

不想與其溝通的星座與命格

（天蠍座・貪狼）

（天蠍座・貪狼）的人不關心別人，有勢利的階級觀念。（處女座・同巨）的人不想與其接觸，彼此看不慣。

處女座＋廉貞命格的人

命運特質

（處女座・廉貞）的人，生於處女座三秋金氣重之時，廉貞屬火，火在秋天是病死之地，故極弱。

因此此命格的人較會悶聲不吭，性子悶，考慮很久才有決定。耐力也沒那麼好，凡事容易有氣無力。本來喜歡打拼的人，卻謀劃更久沒法決定。對人報復的力量也是說些狠話而已，也不強。

（處女座・廉貞）的人，內心急躁，佔有慾雖強，但心有餘而力不足。生於處女座火不旺。你們打拼不起勁，財運也不會很好，爆發運不易發。人生成就和事業都不高。

戀愛運

（處女座・廉貞）的人，雖然保守但有一點桃花，但缺乏情趣是乏味之人。頗惹情人失望。他們雖注重性愛，但懶洋洋，有時會從情人身邊溜走。甜言蜜語也少。此命格的人喜歡去聲色場所，貪戀酒色，對風塵場所的人很對味。因此他們也有可能嫁娶風塵和黑道人物。也可能和政治人物結親。

金錢運

（處女座・廉貞）的人，財運不算好。火不旺之故。你們需要營謀，再做人際關係，才能創造自己的財富與事業。由其處女座的此命格的人，中年以後，會怠惰，工作不積極，賺錢會少。但你們會找人周轉，生活也過得去。

事業運

（處女座・廉貞）的人，一般人還是會重事業的，但打拼，很難前進。你們多醉心政治，又愛錢。通常會是小商人命格，或是小主管階級的人。

健康運

（處女座・廉貞）的人，身體康健，很耐操。但要小心肝腎和消化系統的毛病。要小心糖尿病、胃病、以及血液的問題，常捐血會有利自己健康。

磁場相合的星座與命格

（金牛座・貪狼）♥♥♥♥♥
（摩羯座・紫相）♥♥♥♥
（巨蟹座・武府）♥♥♥♥
（天蠍座・擎羊）♥♥♥♥

不想與其溝通的星座與命格

（寶瓶座・破軍）

（寶瓶座・破軍）的人很會謀劃，能哄能騙。（處女座・廉貞）的人無力抵抗，也鬥不過他，彼此看不慣。

處女座＋廉府命格的人

命運特質

（處女座‧廉府）的人，生於處女座三秋金氣重之時，廉貞火弱，天府屬土會衰弱。故此命格的人會是有點懶洋洋的，喜歡賺錢但又不積極的人。希望能多生財富，會打拼到一半，而半途而廢。此命格的人喜與人拉關係，或與人交換利益。你們有很好的貴人運和朋友運，會藉由這些關係讓你賺到錢財。

（處女座‧廉府）的人，很小氣吝嗇，思想觀念和一般人不一樣，基本上會打破世俗觀念去賺錢。他們會照顧自己的原生家庭，但和配偶、子女的感情較差，一生辛勞，感情問題很難平順，會有再婚、三婚的經驗。他們用物質生活的享受來彌補感情的缺失。

戀愛運

（處女座‧廉府）的人，思想觀念打破世俗框架，故總是找到想法和價值觀和自己不同的情人或配偶。即使再婚、三婚，還是犯相同的錯。老年時會孤獨。

金錢運

（處女座‧廉府）的人，財運普通。會買最高級的物品。賺錢雖拚命，自然要花在自己身上。雖然流動的現金

紫微＋土象星座 算命更準！

有一些，本身卻不一定有錢，或錢放在別處，錢未必能要回來。

事業運

（處女座・廉府）的人，工作運普通，算是愛賺錢，有衣食之祿。做政治業、銀行業、金融業、保險業也都會有好的業績。他們很會做關係，也很會送禮，他們的朋友就是他們的貴人，會對他們有很大的幫助。會介紹達官顯貴給他，讓他得到大富貴。

健康運

（處女座・廉府）的人，大致健康。但要小心手足之傷、肝腎毛病、子宮、輸卵管、輸精管、攝護腺等問題。也要小心血液的問題。

磁場相合的星座與命格

（金牛座・紫微）❤❤❤❤❤
（摩羯座・武相）❤❤❤❤
（巨蟹座・陽梁）❤❤❤❤
（天蠍座・七殺）❤❤❤❤

不想與其溝通的星座與命格

（射手座・鈴星）

（射手座・鈴星）的人喜歡往外跑，根本見不到人，（處女座・廉府）的人很難跟他溝通，彼此看不慣。

處女座＋廉相命格的人

命運特質

（處女座・廉貞、天相）的人，生於處女座三秋金氣重之時，廉貞火弱，天相水旺，故是天相福星強勢一些，享福多一點，也勤勞一點。做人會公正、公平，常做老好人。

（處女座・廉相）的人，善於處理事務，常調解人際關係，父母也很愛他們。他們也很會處理自身財務及事業順遂。非常有說服力能解決家中紛爭。只有配偶常抱怨他，不知憐香惜玉。但生活中也算是多福之人。

戀愛運

（處女座・廉相）的人，對愛情很不擅長，不了解異性，性格老實，從不巴結討好人與配偶，常讓戀人與配偶生悶氣。但桃花仍強，仍是炙手可熱的搶手貨。

金錢運

（處女座・廉相）的人，財運特好，會賺錢，個性保守，不敢投資太大。他們會選擇賺錢的事業來投資。首要為金融業。賺錢多和快。還有在辰、戌年的爆發運，會為他們帶來大財富。財運特佳。

紫微＋土象星座
算命更準！

事業運

(處女座・廉相)的人，其官祿事業運就在『武貪格』上，只要時間運行到龍年、狗年，就會有事業爆發的好機會。又生於處女座，須逢火而發。才能創造大財富。你們適合做雜亂、或複雜、機件多、或反覆手續多的工作。你們的環境原本就亂亂的，或破破爛爛的，所以你們很有耐心修復和整理。並以此賺到錢。

健康運

(處女座・廉相)的人，大都健康。有手足之傷，肝腎的毛病。糖尿病、免疫能力較差，以及血液的問題。地中海型貧血等。有擎羊同宮或相照的人，有『刑囚夾印』格，會有兔唇、傷殘，需要多次開刀手術。

磁場相合的星座與命格

(金牛座・紫府)♥♥♥♥♥

(摩羯座・武曲)♥♥♥♥

(巨蟹座・天梁)♥♥♥♥

(天蠍座・破軍)♥♥♥♥

不想與其溝通的星座與命格

(寶瓶座・機巨)

(寶瓶座・機巨)的人學問和口才都好，(處女座・廉相)的人說服不了他。

處女座＋廉殺命格的人

命運特質

（處女座•廉貞、七殺）的人，生於處女座三秋金氣重之時，是性格特別頑固、又兇，很暴燥，性格容異悶。重視錢財，外表酷酷的，性格節儉，不合群，無法和人合作。工作和人際關係都不佳。由其有『廉殺羊』格局的人身體不好，脾氣更兇，易有車禍之災和生命之憂，也會血液有問題。

（處女座•廉殺）的人，若有『陽梁昌祿』格，讀書會好，工作也會順利。

廉貞屬火、七殺屬金，生於處女座的秋金重，因此健康較有問題，勞碌會重。脾氣又臭又硬。有堅忍的耐力，節儉的生活態度，加上他們也大多有家財，生活可無憂。

戀愛運

（處女座•廉殺）的人，戀愛運還平順，總是能找到好幫手做情人或配偶。即使是相親結婚的，也同樣會擁有聽話、相挺的好配偶。運氣不錯。你們喜歡看起來會做事的對象，由其要會做家事，要會照顧人，這是他們的最大條件。

金錢運

（處女座•廉殺）的人，金錢運不

錯，有賺錢的好運氣。吃苦犯難都不怕，能擁有極高的薪資代價。會做最艱難及不怕髒亂的工作，或做軍警業，能蓄積財富。若做文職工作便收入會少。

事業運

（處女座・廉殺）的人，工作運是會做職位不高，首要工作是軍警職，其次是雜亂、危險、髒亂或衝鋒陷陣的工作。雖然錢多會害命。你們話少、但也不會吃虧。會有專業技術做自己的工作。因此做軍警業最佳。文職會賺錢少。

健康運

（處女座・廉殺）的人，一般還健康。但要小心心臟病、血管及血液的毛病。肺部、大腸及車禍的傷害。

磁場相合的星座與命格

（金牛座・天府） ❤❤❤❤

（摩羯座・太陰） ❤❤❤

（天蠍座・紫貪） ❤❤❤

（天秤座・武破） ❤❤❤

不想與其溝通的星座與命格

（射手座・天機）

（射手座・天機）的人，常自做聰明，賣弄口舌。（處女座・廉殺）的人很煩感，不去招惹他。

處女座＋廉貪命格的人

命運特質

（處女座•廉貞、貪狼）的人，生於處女座三秋金氣重之時，因為廉貞屬火居陷，是小火。貪狼屬木居陷，木氣弱。金木相剋，人際關係更差。常與人有衝突，口快心直，專說不好聽的話。該管的不管，不該管的管一堆，常引起是非。

（處女座•廉貪）的人，自己愛訂許多規矩，但自己卻並不守正常規矩的人。他訂的規矩是給別人守的，自己獨享特權，因此惹人討厭。他們也喜歡與酒色財氣為伍，多犯邪淫桃花。是一個不太重視道德規範的人。如果命、遷二宮有火星或鈴星出現，會有『火貪格』或『鈴貪格』的人，會有爆發運，從武職能得大富貴。

戀愛運

（處女座•廉貪）的人，喜歡性能力好的人，也喜歡外貌稍佳的人。常換男女朋友，愛情並不長久，但看到喜歡的對象，也會死纏爛打的黏上去。最終會找到多金又能容忍他的配偶。

金錢運

（處女座•廉貪）的人，財運是要花一流的錢，卻未必能賺一流的錢財的

紫微＋土象星座
算命更準！

人。結婚前他們多半把錢花在酒色上，婚後，會被配偶管，被管他們很高興有人愛他。所以錢財也被配偶控制起來。不過他們的配偶會存錢理財，也會照顧他們的生活，夫妻感情好。

事業運

（處女座・廉貪）的人，適合做軍警業（武職），有火貪格、鈴貪格的人能成就大事業。此命格的人，少有人有貴格，能做大官的機會少。做科技類還賺錢多，做文職的人會財窮，或靠人吃飯。

健康運

（處女座・廉貪）的人，一般人還健康，但要小心手足受傷，肝腎的毛病、性病、及腸胃等消化系統、神經失調、內分泌失調的毛病。

磁場相合的星座與命格

（金牛座・紫破）♥♥♥♥♥
（摩羯座・武殺）♥♥♥♥
（處女座・天府）♥♥♥♥
（天秤座・紫相）♥♥♥♥

不想與其溝通的星座與命格

（射手座・機巨）

（射手座・機巨）的人智慧及學問很高，（處女座・廉貪）的人處處不如他，對他看不慣。

處女座＋廉破命格的人

命運特質

（處女座‧廉貞、破軍）的人，生於處女座三秋金氣重之時，廉貞屬火，破軍屬水，俱陷落，但此時破軍會水多，廉貞火幾乎滅絕。因此此命格的人會打拼更用力，破財更多一點，自然身體也會欠佳。但他們的謀劃能力較差，故而多半做粗俗的工作。

（處女座‧廉破）的人，敢於做危險的事，或到處奔走的工作，不怕髒臭、艱難，喜冒險犯難，通常他們會說話狂妄又敢說。他們在牛、羊年有偏財運會爆發，能多得大財富。不過一生勞碌。

戀愛運

（處女座‧廉破）的人，因為破軍的因素較旺，因此會突破常規、談和一般人不一樣的戀愛。也會和身分地位不同的人戀愛。你大膽、勇敢，突破社會規範，有時也會為經濟利益展開戀愛，追求目標對象。你不在乎二婚、三婚，只要達成目的就會進行。

金錢運

（處女座‧廉破）的人，財運不錯，會買高級用品，對自己很大方。通常你們不怕勞苦及髒亂，很肯拚命賺錢。軍警職會為你們帶來好運，文職會賺錢少。牛、羊年會有偏財運、爆發運，能得到大財富。你們會賺得多也花得多。人生很暢快。

事業運

（處女座・廉破）的人，在工作運上會具有爆發運，突然升官發財，做武職或從商能爆發更強。丑、未年是你們爆發的好時機，也能得到大財富。從文職會爆發小。你們會在兔、雞年暴落。要小心人生多起起落落。

健康運

（處女座・廉破）的人，身體還好。但要小心手足傷災、車禍、開刀，肝腎問題、糖尿病、免疫能力失調、脾胃及大腸的毛病，也要小心淋巴癌和血液的問題。

磁場相合的星座與命格

（金牛座・天相）❤❤❤❤❤

（摩羯座・紫相）❤❤❤❤

（天蠍座・武貪）❤❤❤❤

（天秤座・廉相）❤❤❤❤

不想與其溝通的星座與命格

（射手座・武殺）

（射手座・武殺）的人脾氣剛直又蠻不在乎，（處女座・廉破）的人關注點和價值觀不同，彼此看不慣。

處女座＋天府命格的人

命運特質

（處女座•天府）的人，生於處女座三秋金氣重之時，天府五行屬土，土在秋天為衰位，不旺。是故此命格的人做為銀行家，其實並不強。存錢有限，精打細算也有限，雖愛錢，但無法多賺。

（處女座•天府）的人，還是性格保守的人。但會有點懶洋洋的。喜歡享受物質生活，有點自私，但會照顧家人。依然有護財的本性，會把錢都存在自已戶頭，借錢給人會收利息。他們會固定工作及記帳。如果命格中有破財現象的人，會工作不長久，也會存不住錢。

戀愛運

（處女座•天府）的人，戀愛運不佳，因為他們總是天真的尋找和自已個性和價值觀不一樣的人為對象。這可能對保守的自已沒有信心，也可能對性格不同的人感覺新奇。常更換情人或配偶。婚姻不美。感情也易受傷。

金錢運

（處女座•天府）的人，本性是喜歡賺錢及存錢。大致金錢運還佳。工作穩定就會有穩定的財。因天府稍弱，不在旺位，故一生財富不算多，但衣食無缺。小氣保守一點。也能享福享受。

紫微＋土象星座 算命更準！

事業運

（處女座・天府）的人，工作運很穩定，多做與財務、金融理財有關的工作最好。也有自營開店營生的，還有些人會做其他快速賺錢的工作，例如進演藝圈、或開舞蹈教室、瑜珈教室等。你們天生愛管錢的本性，會使你們自成為小金庫，好好工作，未來養老金也早早存下，一生生活無虞。

健康運

（處女座・天府）的人，健康頗佳，要小心脾胃、大腸的問題，此外高血壓、心臟病、肝腎問題、糖尿病、手足傷、膀胱、生殖系統都要小心。

磁場相合的星座與命格

（金牛座・七殺）❤❤❤❤❤
（摩羯座・天相）❤❤❤❤
（天蠍座・紫微）❤❤❤❤
（天秤座・武府）❤❤❤❤

不想與其溝通的星座與命格

（雙魚座・破軍）

（雙魚座・破軍）的人說得好聽又不負責任，（處女座・天府）的人常上當，彼此看不慣。

處女座＋太陰命格的人

命運特質

（處女座‧太陰）的人，生於處女座三秋金氣重之時，太陰屬水，生於處女座金生水多，太陰極旺。此命格的人，會財富較多，存款較多，房地產也多。此命格的男性有女性化的特徵，處女座此命格的男性會更柔美一些。

（處女座‧太陰）的人，不管作員工或做老闆，都是以上班族、薪水族為主，或是收房租維生。他們好飲酒、愛談戀愛。常為情所困。但卻會與家中女性不合，而能吸引異性。

戀愛運

（處女座‧太陰）的人，特別喜歡談戀愛。相當有吸引異性的魅力。戀愛經驗無數。其婚姻運卻未必好。婚姻有好有壞。戀愛是他們的人生經歷。

金錢運

（處女座‧太陰）的人，命格居旺的人，財運好，也很會理財，一生享受無憂。命格居陷的，會財富少一點。不過處女座的人之金錢運都好。你們定會買房地產。努力賺錢也是為了房地產。薪水族的財運只有靠儲蓄來積存了。此命格的人和銀行的關係好，能儲蓄更多錢。

紫微＋土象星座
算命更準！

事業運

（處女座・太陰）的人，在工作與事業上都非常穩定。他們喜歡固定的工作，或是朝九晚五的作息。即使自己開店、開公司做老闆都要固定上下班和拿薪資。此命格有爆發運的人會大成功與成為富翁。

健康運

（處女座・太陰）的人，健康佳，但要小心脾胃、大腸、肺部，肝腎或淋巴系統的毛病。也要注意生殖系統、乳癌、子宮或精囊、性病等問題。

磁場相合的星座與命格

（金牛座・天機）❤❤❤❤❤
（摩羯座・太陽）❤❤❤❤
（天蠍座・巨門）❤❤❤❤
（天秤座・貪狼）❤❤❤❤

不想與其溝通的星座與命格

（寶瓶座・紫殺）

（寶瓶座・紫殺）的人只關心自己的情緒。（處女座・太陰）的人是有公主病的人，人生價值觀不同，彼此看不慣。

處女座＋貪狼命格的人

命運特質

（處女座‧貪狼）的人，生於處女座三秋金氣重之時，貪狼五行屬木，會金木相剋，因此較弱。其人會性格彆忸，猶疑不定，會拿不定主意。貪狼是好運星，此星座的貪狼因相剋的關係，好運不算多。貪赧的心也不算大了，只會貪一些小財和小投機。口才也保守，人緣也保守，有時喜躲在家中不外出。如果有『火貪格』的人會有暴發運，但爆發得不會太大。

（處女座‧貪狼）的人，會做事龜毛，會比一般貪狼的人小心翼翼一點。

戀愛運

（處女座‧貪狼）的人，會保守又固執於自己的戀愛模式，不喜歡有人管他，又希望有人會瞭解他，他會給戀人試驗，試驗多次看合不合用才結婚。最後一定會找到在身心靈及現實生活中都對他有助益的配偶。

金錢運

（處女座‧貪狼）的人，財運不錯。總是有好運讓他多賺錢。但也必須辛苦努力才成。他們有些浪費，及愛享受，存錢及理財能力不好。父母會遺留家產給他，配偶也會帶財富給他們，並幫忙理財。如果有『火貪格』、『鈴貪格』的人會爆發大財富。

事業運

（處女座‧貪狼）的人，在工作上必須打拼。適合做武職。會發得大。做文職發得小。這個星座的人是貪狼受剋的，故做文職會更辛苦一些，賺錢也少。貪狼本是好運星，在此受剋後好運減少一些。你必須更努力才會感覺富足。

健康運

（處女座‧貪狼）的人，健康佳。但要小心消化系統及神經系統的毛病，心臟病、高血壓，手足的問題，和性病。生殖系統的毛病。

磁場相合的星座與命格

（金牛座‧武曲）♥♥♥♥♥
（摩羯座‧紫府）♥♥♥♥
（巨蟹座‧天府）♥♥♥♥
（天蠍座‧天相）♥♥♥♥

不想與其溝通的星座與命格

（巨蟹座‧巨門）

（巨蟹座‧巨門）的人話多，愛管閒事。（處女座‧貪狼）的人很煩感，趕快逃走，彼此看不慣。

處女座＋巨門命格的人

命運特質

（處女座•巨門）的人，生於處女座三秋金氣重之時，巨門五行屬水，故此命格是金生水居旺的。因此口才更佳、很會說服人，愛吃、喜歡講話表現。佔有慾強，也會說假話騙人。更愛與人抬槓辯論。因此多惹口舌是非。

（處女座•巨門）的人，本身是非多，但也是個不怕是非的人，常會相信一些隱晦之事，既不信邪，又愛拜鬼神。命格中有貴格的人，會有大富貴。沒有貴格的人會一生起伏。有些會從小被送給別人做養子，命運坎坷。須成年後命運才會轉好。

戀愛運

（處女座•巨門）的人，是保守又會談戀愛的人，很會用心機追求異性，從小時便開始訓練口才遊說自己戀愛的目標。長期研究一套厲害的戀愛術，也一定會找到自己理想的美麗配偶。並且配偶還能帶妻財給他。可說是人財兩得。一生也幸福美滿。

金錢運

（處女座•巨門）的人，財運也不錯，要靠口才或是非吃飯。有爆發運的人也會發富。都會使他們生活享受高級。你們的財一些是薪水之財。一些是父母配偶給的，或幫忙存的錢。你們也會膽子大，如放高利貸收利息，或做股票買空賣空等，都會運用錢財流通而致富。

事業運

（處女座・巨門）的人，其事業運只是一般薪水族格局。此命格的人做教師、律師的人很多。其他如保險員、業務員、法官，金融操作員，會賺錢不少。有貴格的人能成為政府官員，或民意代表，創造大財富。

健康運

（處女座・巨門）的人，建康不錯。但要小心消化系統、大腸的問題、淋巴系統、血液、尿道、及內分泌系統、淋巴癌、耳朵、心臟等問題。

磁場相合的星座與命格

（金牛座・天機）❤❤❤❤
（摩羯座・太陽）❤❤❤
（巨蟹座・同梁）❤❤❤
（天蠍座・太陰）❤❤❤

不想與其溝通的星座與命格

（射手座・廉貞）

（射手座・廉貞）的人說話不實在，常閃爍。（處女座・巨門）的人根本不相信他，磁場不同，彼此看不慣。

處女座＋天相命格的人

命運特質

（處女座•天相）的人，生於處女座三秋金氣重之時，因為天相屬水，因此是金水相生居旺的。此命格的人要比其他星座的人有福氣。而且更會勤勞有福、公平、正直、公正，能得的財福也更多。在衣食享受上也更好。

（處女座•天相）的人，是勤勞的福星，能平復環境中的是非紛爭與窮困。也會帶財給家庭或環境中。例如上班的企業遇有麻煩，慢慢可解決。因此他不但是家中的福星，也是企業與朋友的福星。此人很能幹，常能人之不能。而且刻苦耐勞，不會多計較得失。

戀愛運

（處女座•天相）的人，外在環境都較複雜混亂，而且他們喜歡大膽及有點誇張的人，自身又很老實，會輕易相信別人，因此容易被騙，或找到不好的對象。加上自己對情人或配偶太不瞭解，結婚後才真正慢慢了解配偶的內情。因此婚姻容易不長久。性格懦弱點的人反而可找到強勢會賺錢的配偶。

金錢運

（處女座•天相）的人，財運都不錯。會賺錢也很會理財，也會存錢儲蓄。

很多人會做會計、理財行業或金融業。另外，父母也會給他們財產，因此能享用財富很多。

事業運

（處女座・天相）的人，工作運有起有伏，但他們喜歡穩定。他們一定會有固定的工作，努力打拼。他們老實忠厚，很肯做事，勤勤懇懇，通常職位並不是很高，但也會負責任事。他們會為生活努力工作到最佳狀態。

健康運

（處女座・天相）的人，健康好。但要小心高血壓、頭痛、泌尿系統、膀胱、內分泌系統、糖尿病、耳朵、腎臟、淋巴系統的問題。

磁場相合的星座與命格

（金牛座・紫破）❤❤❤❤❤
（摩羯座・天府）❤❤❤❤
（巨蟹座・同梁）❤❤❤❤
（天蠍座・天同）❤❤❤❤

不想與其溝通的星座與命格

（寶瓶座・陽巨）☃

（寶瓶座・陽巨）的人是廢話多的人，（處女座・天相）的人會一板一眼，實事求是，不想聽廢話，彼此看不慣。

處女座＋天梁命格的人

命運特質

（處女座‧天梁）的人，生於處女座三秋金氣重之時，天梁五行屬土，故此命格的人有些氣弱。雖然他們有正義感，但通常不發出來。外表好似穩重，遇事會有閃躲。此命格的人本來有蔭庇，也會蔭庇人的，但天梁有些弱之後，反倒蔭庇不足，也不蔭庇人了。通常你們是來復建你的家庭和環境的，故此時也會復建不利了。

（處女座‧天梁）的人，有『陽梁昌祿格』的人，會讀書致仕，一生成就會高。收入也會好。命宮在巳、亥宮的人喜到處奔波，愛玩。也會一事無成。

戀愛運

（處女座‧天梁）的人，其戀愛運有較多變數，是非多、或有多角戀愛糾纏不清的現象。你們喜歡有辯才又難搞的對象。你們在追求成就感。結婚後發覺配偶是最囉嗦的人，常因此吵架不合。

金錢運

（處女座‧天梁）的人，財運是『機月同梁格』的架構。是領月薪的上班族。有貴格的人會賺錢多。沒有貴格的人只是一般上班族。有爆發格的人也會多得財富。此命格的人，一定要出名，名揚四海才會得大富貴。

事業運

（處女座・天梁）的人，工作運穩定。你們做事穩重，不會輕易改行或換工作。一板一眼，按部就班的在崗位上孜孜努力。你們通常會經過考試升等而高陞。有貴格的人會做高階主管或老闆。也會做獨立事業，像作家寫作、或做廟公等。有爆發運的人會爆發財富，得大富貴。你們適合的行業有教書、宗教業、慈善業、醫療業、護理師等等。

健康運

（處女座・天梁）的人，身體健壯。但要小心脾胃問題、肺部、支氣管炎、感冒、大腸、糖尿病、免疫能力等問題。

磁場相合的星座與命格

（金牛座・同陰）❤❤❤❤❤
（摩羯座・機巨）❤❤❤❤
（巨蟹座・太陰）❤❤❤❤
（天蠍座・太陽）❤❤❤❤

不想與其溝通的星座與命格

（寶瓶座・武破）

（寶瓶座・武破）的人性格剛直，敢冒險犯難。（處女座・天梁）的人不想一起受難，人生觀和價值觀不同，彼此看不慣。

處女座＋七殺命格的人

命運特質

（處女座‧七殺）的人生於處女座三秋金氣重之時，七殺屬金，因此性格更剛硬頑固。決斷性更強。對於自己不喜歡的事，根本不與理會。不喜歡別人管他。否則就會惡臉相向。他們做事肯負責任，很有擔當，不會推諉，是個很肯打拼的人。

（處女座‧七殺）的人，在理財方面略為保守，但喜愛賺錢，喜愛物質生活與享受。此命格的人會得到較高的生活享受。因為本身命旺的關係，財也會較多。但要小心身體健康，肺部與大腸、車禍的部分要特別小心。你們天生是做老闆的命，也注定要奔波才有錢賺。

戀愛運

（處女座‧七殺）的人，看對眼了，戀愛很快墜入愛河。喜速戰速決，不喜歡拖拖拉拉。分手時也會很乾脆，不喜多糾纏。你們很容易找到喜歡的類型情人做配偶，而且白首到老。你們的夫妻運是非常好的。

金錢運

（處女座‧七殺）的人，財運很不錯。特別喜愛賺錢，財神也都很眷顧他們，他們向來對金錢有敏感力，會知道如何賺錢，或到哪裡賺錢，辛苦經營，都能有不錯的收入。況且他們很多人都有爆發運，每六、七年一次的爆發運會給他們帶來大財富。再之，父母也對他們好，會留大筆財產給他，故他們天生有做富翁的條件。

事業運

（處女座‧七殺）的人，工作運是順利的，肯於努力打拼，只要看到哪裡有錢賺，便埋頭苦幹，毫不畏縮。他們也肯負責任，有擔當的去努力。軍警職能立功賺到財富與地位，文職較無功也財富少。部分有爆發運的人，喜歡做危險衝鋒陷陣的工作。也可做商人，你們也能賺到大財富。此命格的人較少有『陽梁昌祿』格，也難以讀書致仕。不過你們多半有奮鬥目標，努力後會有成就。

健康運

（處女座‧七殺）的人，幼年身體不好，易生病。長大就好了。但要小心很多傷災、車禍及開刀，還有大腸、肺部，支氣管炎、免疫能力等的問題。

磁場相合的星座與命格

（金牛座‧武府）❤❤❤❤
（摩羯座‧廉府）❤❤❤
（巨蟹座‧天府）❤❤❤
（天蠍座‧紫府）❤❤❤

不想與其溝通的星座與命格

（寶瓶座‧巨門）

（寶瓶座‧巨門）的人很情緒化，廢話又多。（處女座‧七殺）的人對此不耐煩，彼此看不慣。

處女座＋破軍命格的人

命運特質

（處女座・破軍）的人，生於處女座三秋金氣重之時，因破軍五行屬水，金水相生，破軍很旺，喜歡打拼，奮鬥力更強。但反覆不定的個性也更明顯。堅毅的個性、好勝心、膽大妄為也更甚。他們喜歡改革開創的事務與格局，故會成為發明制度的第一人。但他們並不喜歡遵守制度，往往也是破壞制度的第一人。

（金牛座・破軍）的人，會不相信任何人，會疑神疑鬼，且說話狂妄。好大喜功。他的人生有多次起伏。如果有爆發運的人，能做大事，得大富貴。成功的機會很大。但要小心傷災和身體有病痛的問題。老年易為病痛折磨。

戀愛運

（處女座・破軍）的人，其戀愛運不錯。他們能打破成規，也不考慮現實的條件，只要看對眼便直接上床。毫不顧慮對方的婚姻關係。他們一向是戀愛老手。也不在乎世俗的眼光或規範，只追求自己喜歡的對象。但婚姻是否幸福就要看各自的造化了。

金錢運

（處女座・破軍）的人，其財運有好有壞。但此星座的人是還不錯的。你們比一般同命格的人會理財一點點，在工作上有好運。也肯打拼努力，金錢運算是很不錯的。但也要分是做軍警武職或文職，做軍警業的人反倒是可立戰功、賺大錢。做文職的會財窮。不過此星座的人稍會理財，都會生活順遂。有爆發運的人會得大財富。

事業運

（處女座・破軍）的人，工作運上有好運，將軍要立戰功，才會有大富貴。他們也善於鬥爭、作兇險多、品項雜亂、複雜多變的工作，很能勝任。一生起落分明。要常移動，東奔西走，跑南跑北，到處勞碌生財。此命格的人會戰鬥力旺盛，耗財多，享受也多。有爆發運的人是多具成就的人。

健康運

（處女座・破軍）的人，大致健康，但要小心傷災、車禍、開刀等事。因為必有一破，破在健康。也要小心淋巴癌、泌尿系統、內分泌系統、糖尿病等的問題。

磁場相合的星座與命格

（金牛座・紫相）♥♥♥♥♥
（摩羯座・武相）♥♥♥♥
（巨蟹座・同陰）♥♥♥♥
（天蠍座・紫殺）♥♥♥♥

不想與其溝通的星座與命格

（牡羊座・機巨）

（牡羊座・機巨）的人心直口快，講求實事求是，（處女座・破軍）的人喜歡誇大，價值觀也不同，彼此看不慣。

處女座＋祿存命格的人

命運特質

（處女座•祿存）的人，生於處女座三秋金氣重之時，祿存五行屬土，生在秋季土會衰弱。故此命格的人，是性格超保守、頑固，又懶洋洋的人。雖然外表老實，話不多，也不合群，因有『羊陀相夾』的關係，老覺得有人要害他。此命格的人多半為人養子，或隨母改嫁，自幼身體弱，有很深的自卑感。

（處女座•祿存）的人，是『小氣財神』。一生都吝嗇節儉度日。他們會只顧自己的衣食之祿，努力工作，而不顧其他人之死活。他們會拚命存錢，從不肯吃虧。也不會隨便有善心去救助別人，因為他覺得自己就是最可憐的人。或是連自己都挺過來了，別人為何不可以？所以不會隨便救濟別人。他也不會投資理財，只會把錢存在銀行裡。

戀愛運

（處女座•祿存）的人，因保守及吝嗇，很少會自己追求異性。如果別人追求他，吃飯、看電影一定對方出錢，他是一毛不拔的。他們多半相親結婚。婚後的家用也要和配偶各自分擔一半。他們的婚姻不和睦，多半是因為金錢問題而失和。

金錢運

（處女座•祿存）的人，是天生的守財奴。一生有衣食之祿。常因為守財而與家人不睦，中、老年孤獨。對人除了錢不重親情。他會自己工作賺錢。之後能得到父母的遺產。生活節儉，衣食無憂。

事業運

（處女座・祿存）的人，會很守份的忠於工作崗位。他們做事任勞任怨，不會輕易的罷工或請假，或辭職。是一個很好的員工，會深得老闆信賴。雖然他們很固執，但精於專業，是不可多得的人才。他們會一直做到很老還不肯退休。雖然職稱不一定很高，但卻一定是該業內的翹楚。

健康運

（處女座・祿存）的人，幼年身體弱，常生病。青少年以後慢慢變強壯。他們多半大腸不好，幼年常感冒，因此要小心肺部、氣管、大腸、頭部、免疫能力和脾胃的毛病。

磁場相合的星座與命格

（金牛座・武府）♥♥♥♥♥
（摩羯座・紫府）♥♥♥♥
（巨蟹座・武貪）♥♥♥♥
（天蠍座・天相）♥♥♥♥

不想與其溝通的星座與命格

（牡羊座・破軍）

（牡羊座・破軍）的人脾氣太沖，又愛花錢，（處女座・祿存）的人怕花錢，彼此看不慣。

處女座＋擎羊命格的人

命運特質

（處女座‧擎羊）的人，生於處女座三秋金氣重之時，擎羊五行屬火金，生於秋季，也算是居旺的。他們是強勢與固執的人。內心急躁，通常很霸道，有理說不清，又會記恨報復。又喜與人競爭，一點虧都不吃，否則就採取報復措施。

（處女座‧擎羊）的人，性格強悍。不服輸。一生多愛佔人便宜，得不到就會陷害人，有『馬頭帶箭格』的人，能威震邊疆。此命格是刑剋的命格，大家大都躲著他們，以防被剋到。其實與其相處也多半被他們用話語針刺，有些辛苦。他們也易在競爭與對抗中受傷。更要小心車禍及開刀。

戀愛運

（處女座‧擎羊）的人，戀愛運不一定順利。凡是他看上的，會用盡手段來得到。得到後不一定珍惜。會對心儀對象死纏爛打、愛到發狂，也會是恐怖情人，殺害或虐待情人。其人感情尖銳，常有與石俱焚的念頭。

金錢運

（處女座‧擎羊）的人，財運有阻礙。工作易不長久，或發薪受阻，總有困頓的時候。部份人會懶惰不工作，有時會做黑道或流氓搶錢。也會做啃老族，吃父母的。擎羊就是一把刀，做與刀、劍有關的工作會賺到錢。例如做三刀，如理髮師、廚師、剪裁師，或外科醫生。這樣就會衣食順遂而有錢了。

事業運

（處女座・擎羊）的人，工作運做軍警業、或三刀及三師，如理髮師、廚師、剪裁師，或外科醫生、醫療、寵物醫療、開刀有關的行業，會賺到錢。做文職主窮困。還有做喪葬業、垃圾處理、車禍血光、災害救援及解決善後等行業也會賺到錢。你們所做的行業大都是競爭厲害的行業。

健康運

（處女座・擎羊）的人，幼年難養，長大後強壯。出生時也會讓母親出血多，很危險。某些人的母親也生子而亡。要小心車禍、外傷、頭面破相，肝腎的毛病、眼睛不好，容易有開刀現象，肺部、大腸，免疫能力等問題。

磁場相合的星座與命格

（金牛座・紫微）♥♥♥♥♥

（摩羯座・天同）♥♥♥♥

（巨蟹座・廉相）♥♥♥♥

（天蠍座・武貪）♥♥♥♥

不想與其溝通的星座與命格

（牡羊座・天府）

（牡羊座・天府）的人也怕人來劫財，（處女座・擎羊）的人對財星有刑剋，會劫財，兩種人價值觀不同，彼此看不慣。

處女座＋陀羅命格的人

命運特質

（處女座•陀羅）的人，生於處女座三秋金氣重之時，陀羅五行屬辛金，故也是居旺的。他們是頭圓圓的，有破相和身上有傷痕，牙齒斷裂、手足傷害等。他們外表粗俗，看起來也笨，性格頑固，有內心與精神上的問題。長期心情不開朗，會自我有精神折磨，常會有自殺念頭。

（處女座•陀羅）的人，必須離開原生家庭，外出發展，才會有新人生。他們幼年多災。而且容易相信陌生人，而不相信家人，易幼年失蹤，與家人無緣。一生是非多，喜暗中行惡事害人、騙人，被人發覺，又記恨報復。其人品行不佳、很難教養，有一些自殘騙保險費的人有此命格。

戀愛運

（處女座•陀羅）的人，婚姻及戀愛運是拖拖拉拉，是非起伏不定、又波折不斷。結了婚也不長久。夫妻常相互打架吵架，爭執不斷。最後還是離婚。他們通常是同居為主的，時常家暴。戀愛都無結果，會老年孤獨。

金錢運

（處女座•陀羅）的人，財運很差，工作做不長。錢財不穩定。即使上了班，也會碰到老闆晚發薪水或拖欠薪水的事情，運氣實在很爛。若做軍警業會長久一點，財運也會順利一點，而且

紫微＋土象星座 算命更準！

可立戰功，有爆發運。做生意一定賠光光。

事業運

（處女座．陀羅）的人，工作總是會做不長斷斷續續，只有做軍警業才會穩定，也會有存款。做文職會窮困，失業。命格低下者會做墓園、喪葬業者，或撿骨師。工作是會有一票沒一票的做著。

健康運

（處女座．陀羅）的人，外表大致還好，但會頭面破相，有牙齒的傷害、手足傷，肺部、氣管、大腸、免疫系統有問題，也易生癌症。還有皮膚病或身上長瘤。

磁場相合的星座與命格

（金牛座．紫微）♥♥♥♥♥

（摩羯座．天相）♥♥♥♥

（巨蟹座．天同）♥♥♥♥

（天蠍座．同梁）♥♥♥♥

不想與其溝通的星座與命格

（牡羊座．天機）

（牡羊座．天機）的人自認聰明，還嫌別人笨。（處女座．陀羅）的人不想認輸，彼此看不慣。

（12 月 22 日~1 月 19 日）

摩羯座‧星座探秘

●位次與主管事項：

位於第十宮。主管地位、社會形象、名譽、信用、官祿。

●精神能力與特質：

具有果斷、積極進取、實際而謹慎的能力。特質是可靠、謹慎、踏實、勤勉、雄心強、誠實、有耐心、有主見、守紀律、冷漠，嚴肅、希望成功。

●戀愛速配對象：

第一名：處女座、獅子座。

第二名：金牛座、巨蟹座。

●誕生石及幸運色及飾品：

誕生石是石榴石、鑽石。幸運色為暗綠色、棕色。幸運飾品為紅寶石飾品。

●幸運旅行國家及城市：

墨西哥、阿富汗、印度，杜拜、鳳凰城、開羅。

摩羯座

（12月22日至1月19日）

摩羯座＋紫微命格的人

命運特質

這個摩羯座月份的『紫微』坐命者屬於命格裡冬季水多寒冷的人，紫微五行屬土，土在冬季會洩弱。故此星座的人會格外固執、看起來性格硬梆梆。較嚴肅，更體面，也頑固和自信心強。

（摩羯座・紫微）的人，是受人尊重的人，他們喜歡下決定與判斷，喜歡主導發展中的事情，喜歡掌權。不太聽別人的閒話流言，自有主張。這和一般紫微命格的人耳根子軟，是不一樣的。他們一生會規矩謹慎的過生活。命宮在午宮的人會命運較佳，因為命格中有『日月皆旺』的格局，人生境界會不一樣。

戀愛運

（摩羯座・紫微）的人，喜歡找有用的人做情人或配偶。不會只風花雪月的談虛空的愛情。桃花雖多，但會嚴加挑選。他們同時也是外貌協會的一員，是故一定會找到才貌雙全、有工作能力的情人與配偶才行。不過，如果甘願侍候他們生活細節的人，醜一點也無妨。

金錢運

（摩羯座・紫微）的人，金錢運上很好。但會是衣食豐盛的財運。他們天

紫微＋土象星座 算命更準！

生喜歡享受，衣食住行都要有基本的規格，但命格中有『火貪格』爆發運的人，會有大富貴。否則只是一般普通小老百姓的財富。

事業運

（摩羯座・紫微）的人，在工作運上還不錯，有固定收入，不必用太多腦筋就能勝任的工作。可輕鬆賺進衣食之祿。通常在機關或企業中做主管，慢慢向上爬，最終會有退休金，得養餘年。你們一生好命，不必多辛苦操勞的打拼，會有舒適的環境呆著，一生有許多小確幸。

健康運

（摩羯座・紫微）的人，在健康運上大致不錯，縱使有小病也會找名醫醫治。偶而會有感冒或腸胃、消化道的小毛病。真正要小心心臟病、高血壓、腦溢血、中風等問題。

磁場相合的星座與命格

（金牛座・天府）❤❤❤❤❤
（處女座・天相）❤❤❤❤
（天蠍座・貪狼）❤❤❤❤
（獅子座・天同）❤❤❤❤

不想與其溝通的星座與命格

（牡羊座・巨門）

（牡羊座・巨門）的人，是性格衝動，話多，挑剔也多的人，會嫌（摩羯座・紫微）的人又笨又慢，他會受傷，彼此看不慣。

摩羯座＋紫府命格的人

命運特質

摩羯座的『紫微．天府』坐命者，是生於冬天氣候寒冷之時。『紫微．天府』都屬土，因此是洩弱的土。他們做事穩當，讓人信賴。喜歡賺錢和存錢。只是財運稍弱一點。其人性格仍是穩重、保守的，在計算能力上不太好但仍會有爆發運，會在龍年、狗年爆發偏財運，也會多得錢財。

（摩羯座．紫府）的人，陽年生的男性及陰年所生的女性會順時針方向行大運，這些人是命運較好的。若逆行大運，則中年才會好運。你們若和夏天生的人在一起也會覺得快樂和好運得多。

此命格的人多半沒有貴格，因此唸書的能力不好，但會從小便開始想賺錢的事。也能積存財富。

戀愛運

（摩羯座．紫府）的人，內心保守，有自己固執的愛情模式。常找到和自己性格不同的人談戀愛。其人特別重視性愛生活，也會同居或試婚，卻又發覺性格不合而分手。是故戀愛次數多、結婚次數也多。

金錢運

（摩羯座．紫府）的人，財運還好。對金錢的敏感力超出常人，又有一生有多次爆發運。適合你們存錢和買房地產。所以老年時可收租做房東過活的。

紫微＋土象星座
算命更準！

事業運

（摩羯座・紫府）的人，做最簡單、粗俗的工作，就能直接賺錢，不須要花用太多腦筋來賺錢。通常會做零售業、買賣業，或開個小店，或做薪水族，能迅速進財就好了。因為有爆發運的關係，有機會發大財。要成為集團大老闆或CEO，必須再加把勁。通常你也會直接做金融業、股票經紀、保險經紀、或銀行中招攬信用卡的專員。或是銀行行員。不過，你們多半缺少貴格，不一定有高學歷，因此要往上爬有些許困難。不過你們有爆發運，也會有別的管道讓你們大發富貴的。

健康運

（摩羯座・紫府）的人，健康良好。但要小心脾臟、大腸等問題。有時有肺部、感冒、耳病的問題。也要小心乳癌，或生殖系統的毛病。

磁場相合的星座與命格

（金牛座・七殺）♥♥♥♥♥

（處女座・武曲）♥♥♥♥

（巨蟹座・紫殺）♥♥♥♥

（天蠍座・廉相）♥♥♥♥

不想與其溝通的星座與命格

（牡羊座・廉殺）

（牡羊座・廉殺）的人很衝動，（摩羯座・紫府）的人會為安撫他而煩惱，看不慣。

摩羯座+紫相命格的人

命運特質

（摩羯座的『紫微・天相』坐命者，因為生在摩羯座，冬天水多，天相福星屬水，故福星生旺。紫微屬土，冬季洩弱，故此命格的人更會享福，也很會做事。但復建及還原的力量，會弱一點。命格的人會重視享福，凡事過得去便好。不太會注重事事都要以高高在上的心態，來注重自己的體面。反而是能和大家打成一片，不太高傲了。有時依然會頑固和自有主見，而且還更會服務別人，對人公正、公平，性格仍略微急躁、容易鑽牛角尖。財運特佳，會用衣食享受來表現自己的富裕。

戀愛運

（摩羯座・紫相）的人，外貌是老好人、人緣特佳、尤其愛服務別人，桃花運也佳，會服務情人或配偶，他們並不擅戀愛手段，也不了解異性，但憑了這一招就能擄獲異性的芳心。但婚後還能不能繼續，就不知道了。

金錢運

（摩羯座・紫相）的人，財運還不錯，很會理財，進財容易，注重生活享受。衣食的花費很大。不過他心情很好。一生打拼就是為了可享受美食與精品穿著。更會留有餘錢來享受的。在儲蓄方面並不那麼用心。常沒有餘錢可儲蓄，偶而也會寅吃卯糧，過欠債的日子，不過很快可還上。

紫微＋土象星座
算命更準！

事業運

（摩羯座‧紫相）的人，工作運很順遂，但須自己多方籌劃才行。此命格的人喜歡規劃或發明對衣食、或生活細節方面的設計或理想。也喜歡作與人際關係相關的行業。但有些人會無法堅持到最後，或做了太多的修正，最終無法成功。不過他們總是在衣食界打轉的人。還有一些人會在便利商店的體系裡做經理、襄理，仍然跟衣食有關。

健康運

（摩羯座‧紫相）的人，健康方面不錯。但要小心脾胃不佳、淋巴癌及膀胱炎、泌尿系統方面的毛病。或水道系統的問題。亦要小心糖尿病、心臟病、三高、甲狀腺、耳朵等的問題。

磁場相合的星座與命格

（金牛座‧破軍）♥♥♥♥♥

（處女座‧廉貞）♥♥♥♥

（巨蟹座‧武府）♥♥♥♥

（天蠍座‧同梁）♥♥♥♥

不想與其溝通的星座與命格

（雙子座‧廉貞）

（雙子座‧廉貞）的人常計謀多又愛閃躲，（摩羯座‧紫相）的人覺得他不真誠。彼此看不慣。

摩羯座＋紫貪命格的人

命運特質

（摩羯座‧紫貪）的人，因為紫微屬土，貪狼屬木，本身有點土木相剋，生在冬季，水多生木旺，紫微洩弱。所以此命格的人外表雖長相好，但不那麼注重體面和驕傲了，也比較平民化一點。他們的好運比同命格的人好很多，人緣也超出很多。

（摩羯座‧紫貪）的人，很會賣弄優雅迷人的姿態，散發特殊性感。因為運氣好，升官機會也多。厲害的是，他們會利用自己的強項，找到能幫助他們人生高升的配偶，終其一生過享福與享受多的日子。因為生活過得好，並不須要紫微的復建功能，所以紫微只在他們的外表上給予體面、正派、稍俊美的素質而已。

戀愛運

（摩羯座‧紫貪）的人，戀愛運特佳。你們喜歡享受、享福。故會選擇多金又美麗的配偶，你們有很好的交際手腕，立即能找出實質對自己有幫助的人，為最佳配偶。他們會精神與肉體並重。

金錢運

（摩羯座‧紫貪）的人，是運氣

好，財運並不好，因為貪狼主好運，愛享受和交際，花錢很多。故而要精挑細選能幹的配偶，來幫你生財、理財。你也可能有爆發運，財富就多了。

事業運

（摩羯座•紫貪）的人，工作運上，只是辛苦上班族或軍警職的工作。若有爆發運，能快速升官或升高職的機會，財官雙美。命格中有化權、化祿的人，事業運也會升高。況且你們還有配偶可幫忙升官發財，運氣很佳。

健康運

（摩羯座•紫貪）的人，身體康健，但要小心脾胃問題、高血壓、心臟病等，以及耳病、或性病。手足神經系統不佳。

磁場相合的星座與命格

（金牛座•天府）♥♥♥♥♥
（摩羯座•祿存）♥♥♥♥
（巨蟹座•天梁）♥♥♥♥
（天蠍座•廉府）♥♥♥♥

不想與其溝通的星座與命格

（牡羊座•天機）

（牡羊座•天機）的人愛耍小聰明，又沖。（摩羯座•紫貪）的人不想惹他，懶得理他。

摩羯座＋紫殺命格的人

命運特質

（摩羯座•紫殺）的人，七殺屬火金，生於冬季水多，會使金氣閃亮，但紫微屬土會洩弱。因此此人的打拼力量會強一些愛打拼奮鬥，苦幹精神與耐力更強。決斷力也更強。衝鋒陷陣無所不能。但紫微的復建力量是弱的。所以就像一隻箭射出去是沒有回頭路的。

（摩羯座•紫殺）的人，自我意識強，獨斷獨行。喜歡賺錢，沒有老闆能命令他們做什麼，只有他自己喜歡做的才會做，而且拚命到底，不回頭。一定要賺到錢才行。所以此命格的人能在事業上成功。

戀愛運

（摩羯座•紫殺）的人，本身強硬，喜歡聽話、好教育、又懦弱的人做情人或配偶。喜歡配偶能依附於他。不喜歡別人比他強、命令他，不肯受制於人。戀愛也是他在主導的。

金錢運

（摩羯座•紫殺）的人，財運有很多好運，牛、羊年會有爆發運，平常也有意外的財運。他們也能積蓄錢財，也會多買房地產蓄財。一生大進大出，財富起落很大。

事業運

（摩羯座・紫殺）的人喜愛賺錢，不喜歡白忙。會先判斷工作是否能賺較多的錢，如果不是，沒興趣時就會懶惰。他們時常也會做雜亂或粗俗的工作。也會做複雜、鬥爭多、或修理破爛機械的工作。他們最愛做官及擁有官名，很難做個螺絲釘。他們適合做武職（軍警職）、不適合做文職，會賺錢少。或開設工廠做老闆，大發、大起。

健康運

（摩羯座・紫殺）的人，很強壯。但要小心淋巴癌、膀胱、尿道、以及生殖系統的毛病。或乳癌、下腹部疼痛的問題。

磁場相合的星座與命格

（處女座・武貪）♥♥♥♥♥
（摩羯座・廉破）♥♥♥♥
（金牛座・武府）♥♥♥♥
（天秤座・天相）♥♥♥♥

不想與其溝通的星座與命格

（牡羊座・機巨）

（牡羊座・機巨）的人脾氣衝、知識水準高。（摩羯座・紫殺）的人比不過他，彼此看不慣。

摩羯座＋紫破命格的人

命運特質

（摩羯座•紫破）的人，此星座的『紫破』坐命者，是命格裡水多的人。因為破軍屬水，生月是冬季，生水更多。紫微屬土會洩弱，水土混合為稀泥。因此此命格的人會性格不那麼強硬了，稍軟，也偶而會拿不定主意，更會反覆無常。雖然他們喜歡打拼及投資，但並不順利，容易耗財多。有時候又會剛愎自用，破財更兇。

（摩羯座•紫破）的人，是喜歡創業的人，和朋友多是非，又喜歡和朋友合作投資，總是血本無歸。紫微復建的力量幾乎是零，破軍的力量較大，因此人生的波動也大。你也會對周遭環境中的人、事、物挑剔，理想高而好高騖遠，最終都做不到而遺憾。

戀愛運

（摩羯座•紫破）的人，戀愛運不多，一方面你們對人挑剔，一方面別人也挑剔你們。你們對人講求外貌，破軍主洩。通常是露水鴛鴦不長久的愛情。一生裡會有多次婚姻。

金錢運

（摩羯座•紫破）的人，表面上也喜歡投資理財，但不懂技術，花得錢比賺的多。而且要付出較多的勞力才能賺到錢。自己不會記帳算帳，要找會計幫忙才行，這是你們無法做生意的原因。否則也會賠掉的。

事業運

（摩羯座・紫破）的人，做軍警職最好。做文職不佳。如果長相秀美的人，也容易是較窮。在工作方面，會起伏不定，或常變化，或經常轉職、轉業。會做沒有職稱，或職位不高的工作。你們適合有較多競爭與鬥爭的行業，如政治圈或軍警業，能升到高位，得到富貴。

健康運

（摩羯座・紫破）的人，一般都健康，但要小心糖尿病、脾臟、胃病、耳朵，泌尿系統或淋巴癌等的毛病。

磁場相合的星座與命格

（金牛座・天相）♥♥♥♥♥
（處女座・武相）♥♥♥♥
（巨蟹座・廉貪）♥♥♥♥
（天蠍座・天梁）♥♥♥♥

不想與其溝通的星座與命格

（牡羊座・陽巨）

（牡羊座・陽巨）的人會囉嗦又脾氣衝，（摩羯座・紫破）的人不能忍受比自己還難纏的人，會強加防範。

摩羯座＋天機命格的人

命運特質

（摩羯座•天機）的人，天機五行屬木，生於寒冬，為凍木，冬木為歸根復命之時，主病氣。故對天機命格的人是剋害的。他們在行動上會緩慢一些，內心衝突大。在運氣上也沒那麼好了。天機命格的人是上下起伏很快的，他們靠不斷的運氣起伏及聰明變化往上衝，而有壯麗的人生。但此時生的天機不愛動之後，有受滯的狀況，因此運氣較不佳。

（摩羯座•天機）的人，仍然是容易改變心意的人。性子急，愛計較。但不夠精明。會做薪水族，有時會懶洋洋。

戀愛運

（摩羯座•天機）的人，性格較耿直，誠實，通常是可靠、勤勉、規律的配偶人選，但他們與平輩之間是非多，他們需要寬宏大量的情人或配偶來原諒及照顧他，因此戀愛運不是那麼順遂。會晚婚或結不成婚。

金錢運

（摩羯座•天機）的人，是小資族的財運。本身是薪水族，還有父母會資助他。即使父母過世，也能有豐富的遺產。若父母不富裕的，他們也就辛苦生活了。此命格的人財運會稍差一點的。遇火土年會財運佳。

事業運

（摩羯座・天機）的人，只是固定過薪水族生活。生平無大志，也不會太勞苦去賺錢。有些人會在家族生意中工作，守祖業也能快樂生活。命格太冷，思想也會打結。若逢火土年，你們的打拼能力會變強，事業運會向上。

健康運

（摩羯座・天機）的人，大都會有手足傷，和頭臉有破相。身體尚可，但要小心肝、腎、肺部及大腸、脾胃、眼睛不好的毛病。也要小心性無能的問題。

磁場相合的星座與命格

（金牛座・巨門）❤❤❤❤❤
（摩羯座・太陽）❤❤❤❤
（巨蟹座・同梁）❤❤❤❤
（巨蟹座・太陰）❤❤❤❤

不想與其溝通的星座與命格

（牡羊座・廉破）⛄

（牡羊座・廉破）的人脾氣沖、喜歡做老大，自己又常不守規矩。（摩羯座・天機）的人很愛打抱不平，檢舉他，彼此看不慣。

摩羯座＋機陰命格的人

命運特質

（摩羯座•天機、太陰）的人，是生於冬季，天機受剋，太陰為冬水多而泛濫。故此命格的人會情緒化，又常心灰意懶，心態會負面一點。聰明度會打折。內心世界較多小劇場，並不會向他人訴說，會悶在心中。

（摩羯座•機陰）的人，很固執，也愛東奔西跑，容易搬家和調職。也時常疑神疑鬼，會繞一道大彎才回家。因天氣冷，情緒常低潮，愛哭的狀況也很多。也易時常受感動。不過他們財運是好的，雖也是薪水之資，但會理財謀劃，再加上有貴人運會照顧他。長輩及老闆會對他們偏心，生活是無憂的。

戀愛運

（摩羯座•機陰）的人，是多愁善感的人，戀愛運也不錯。天生有公主病和王子病，有些嬌貴，希望情人或配偶來疼愛，所以會找較陽剛又寬容的人做情人和配偶。他們陰柔的氣質很容易吸引到傻哈哈、能容忍他們的異性，快樂生活。

金錢運

（摩羯座•機陰）的人，是薪水族格局。不要常換工作，就會生活順利。

紫微＋土象星座 算命更準！

通常其父母有錢，會留給他遺產。此命格不適合作生意，會收入不穩。因為此命格的人生就是起起伏伏高下有別的。若離婚或沒戀愛可談，也會較窮困。

事業運

（摩羯座•機陰）的人，工作多是熟人或長輩介紹。有蔭庇和貴人運，升職很容易，運氣不錯。但他一生的命運會起起伏伏，不能做生意，以免失敗。命格中有化權，會有堅強意志撐過起伏的命運。

健康運

（摩羯座•機陰）的人，健康很好，要小心手足之傷，車禍，肝腎、大腸、淋巴癌、乳癌、子宮等的問題，以及性生活方面的問題。

磁場相合的星座與命格

（處女座•太陽）♥♥♥♥♥
（巨蟹座•巨門）♥♥♥♥
（天蠍座•天梁）♥♥♥♥
（金牛座•天同）♥♥♥♥

不想與其溝通的星座與命格

（牡羊座•紫破）☃☃

（牡羊座•紫破）的人是脾氣急，口沒遮攔的人，（摩羯座•機陰）的人也被打敗了，彼此看不慣。

摩羯座＋機梁命格的人

命運特質

（摩羯座‧天機、天梁）的人，命格就是土木相剋。天機屬木，天梁屬土，生於冬季，天機在病位，天梁也洩弱。故此命格的人，表面上固執、但內心軟趴趴的提不起勁。也不愛多管別人閒事了。

（摩羯座‧機梁）的人，因為聰明度和貴人運都不算好，口才也次等，是非雖少一點，但會不受人重視。還好他們有爆發運，在牛、羊年會爆發，人生就會不一樣了。也會帶來富貴人生。

戀愛運

（摩羯座‧機梁）的人，說話很直、不愛開玩笑，會說沒趣的冷笑話，能跟他互動的人，只要能忍耐就能成為他的情人或配偶。他喜歡熱鬧的過日子，有時也會為錢財吵到分手。

金錢運

（摩羯座‧機梁）的人，是固定薪水族的一員。此命格蔭庇不大，貴人運不強。父母、長輩不一定有錢給他。可是他們有『武貪格』爆發運，在牛年、羊年會爆發偏財運，多向南方或天氣熱的地方去簽樂透，會發富。

紫微＋土象星座
算命更準！

事業運

（摩羯座・機梁）的人，是正宗的薪水族格局。工作發展不大，每天等著發薪日。若在家族中工作，也會應付了事。生平無大志。他適合做修理器具、收拾殘局或整理帳務的工作。例如會計、記帳員、電器修理、舊物回收、倉庫管理、保險員等。此命格的人還是有蔭疪，有貴人運，所以老闆或長輩會喜歡他，會照顧他，幫忙他。

健康運

（摩羯座・機梁）的人，健康運不錯。但要小心脾胃、肝腎、大腸等消化系統的問題。手足傷、臉面有破相、車禍等問題。也要小心糖尿病、免疫系統的問題。

磁場相合的星座與命格

（金牛座・同陰）❤❤❤❤
（摩羯座・陽巨）❤❤❤
（天蠍座・天府）❤❤❤
（巨蟹座・祿存）❤❤❤

不想與其溝通的星座與命格

（牡羊座・廉殺）

（牡羊座・廉殺）的人脾氣很拗，（摩羯座・機梁）的人搞不過他，彼此看不慣。

摩羯座＋機巨命格的人

命運特質

（摩羯座‧天機、巨門）的人，生於冬季，天機屬木在病地，巨門屬水居旺。故此命格的人口才更好，愛說話、愛吃、是非也多。他們是智慧高、有辯才的人。性格剛直頑固，有耐力。父母會是有地位或家世好的人，故他們性格驕傲，不同於一般人。

（摩羯座‧機巨）的人，有貴格的人，會有高知識水準，從事學術研究，而有高成就。也有從武職軍警業的人，也能步步高陞。一般上班族只有薪水之資，理財也不算好，身體也會較弱。

戀愛運

（摩羯座‧機巨）的人，因為其人性格情緒多變，戀愛運也會多變。這也和他們的運氣有關。運氣不好時容易與人有衝突，隨便亂發脾氣，常常造成一段戀愛的結束。哪一天高興了，又會去討好情人，但戀愛總不長久。

金錢運

（摩羯座‧機巨）的人，是薪水族的財運，他們有專業知識及技術，在大企業機構中會得到重用。他們多半愛讀書，學歷也好，故工作很穩定，但他們不見得會學財經知識，故理財能力有

紫微＋土象星座
算命更準！

限，也會有積蓄。用保守的心態在理財。用口才賺錢會很順利多財。

事業運

（摩羯座・機巨）的人，喜歡固定的上班族模式。愛吃苦，有貴格的人，會有高學歷，及好名聲，工作高陞機會多。如果在虎年或猴年有爆發運的人，很容易出大名並富有的。

健康運

（摩羯座・機巨）的人，身體健康。但要注意脾胃的毛病，小心淋巴系統、血液系統或泌尿系統，如膀胱、尿道、腎臟、消化系統、甲狀腺、免疫系統等的問題。以及手足有傷災或車禍問題等。

磁場相合的星座與命格

（金牛座・日月）❤❤❤❤❤
（摩羯座・天同）❤❤❤❤
（巨蟹座・紫相）❤❤❤❤
（天蠍座・陽梁）❤❤❤❤

不想與其溝通的星座與命格

（牡羊座・廉貪）

（牡羊座・廉貪）的人說話很衝，不好聽。（摩羯座・機巨）的人很難忍受他們嗆聲，彼此看不慣。

摩羯座+太陽命格的人

命運特質

（摩羯座‧太陽）的人，太陽五行屬丙火，生在冬天天寒地凍之時，冬火受剋。性格會有些懶洋洋，沒那麼起勁熱絡了。但仍然會個性直爽，說話大聲。會寬大、坦白、少心機。行事會謹慎，稍會理財，對錢財是有節度的。不會像夏天的太陽坐命者大手大腳的花錢了。

（摩羯座‧太陽）的人，喜歡努力工作，有責任感。有貴格的人能有名聲。財運好。有『陽梁昌祿』貴格的人會有高學歷及大成就。

戀愛運

（摩羯座‧太陽）的人，性格較陽剛，對象多半是較陰柔的異性會吸引他們。某些人也易早婚，某些人會晚婚。他們常覺得婚後生活淡而無味，也會失去愛情。經常有人會外遇，去尋找愛情，但過段時間又回家了。這是他們的迷思。

金錢運

（摩羯座‧太陽）的人，是領上班族的薪水之資。做生意做不久。因為他們喜歡穩定，怕麻煩。有些人也會做老闆卻請別人來經營，但會不成功。如果有家產可維生的人（父母或祖先留的財產），也會管理財產和房地產來生活。

紫微＋土象星座

算命更準！

事業運

（摩羯座・太陽）的人，用口才或與是非糾紛有關的行業最好。譬如做老師、法官、律師、保險業、廣播員、宣傳員、或政府官員等。考公務員或在國家機構、政府機關工作也最適合。有貴格的人，會先有名聲，能得大成就與富貴。

健康運

（摩羯座・太陽）的人，身體強壯，但要小心高血壓、心臟病，以及腦中風等的疾病。有些人要小心糖尿病和高血脂、及膽固醇過高的毛病。

磁場相合的星座與命格

（金牛座・天同）❤❤❤❤❤

（摩羯座・太陰）❤❤❤❤

（寶瓶座・同巨）❤❤❤❤

（天蠍座・同梁）❤❤❤❤

不想與其溝通的星座與命格

（牡羊座・陽巨）

（牡羊座・陽巨）的人愛胡說八道，惹是非，（摩羯座・太陽）的人不想招惹他。看不慣他。

摩羯座＋陽梁命格的人

命運特質

（摩羯座‧太陽、天梁）的人，太陽屬火，天梁屬土，生於冬季、水多洩弱之時，性格會稍懶洋洋一點。天梁的蔭庇及復建功能也較弱。太陽被剋不強。此命格的人必須要有『陽梁昌祿格』，才會人生有成就。否則會懶散事業運不佳。

（摩羯座‧陽梁）的人，人生最重要的是長輩運、貴人運，但這兩種運氣虛弱時，便會操勞和東奔西跑，不知所以的忙碌，財運也會差。此人桃花運並不那麼強了，反而是多惹是非糾紛，要韜光養晦較好。

戀愛運

（摩羯座‧陽梁）的人，戀愛運有一點，如果事業運不佳的人反而著重在戀愛運上，如果有貴格，工作運也好的人，戀愛運也會順利。你們會找到慵懶、愛享福、愛玩，話多，愛推諉表功的配偶。

金錢運

（摩羯座‧陽梁）的人，金錢運還不錯，會靠薪水過活。有貴格的人，有大富貴。通常家中會有家產給你。命宮在酉宮的人，命運稍差，會做國術館、接骨或按摩師父的營生，也能過活養家。

事業運

（摩羯座・陽梁）的人，有貴人會介紹工作給你，有貴格的人，會有人三顧茅廬的來請你去任職工作。你也能參加國家考試高中，得到地位高的工作。這些都和讀書與學歷有關，如果沒有這些學經歷的人，只會是一般的上班族。

健康運

（摩羯座・陽梁）的人，身體頗健康，但要小心高血壓、腦中風、脾胃的問題，或糖尿病、皮膚病。子時、午時生人會健康與財運都不好。

磁場相合的星座與命格

（處女座・同陰）❤❤❤❤❤
（摩羯座・機巨）❤❤❤❤
（巨蟹座・同梁）❤❤❤❤
（天蠍座・太陰）❤❤❤❤

不想與其溝通的星座與命格

（牡羊座・貪狼）

（牡羊座・貪狼）的人喜橫衝直撞，不管別人的感覺。（摩羯座・陽梁）的人覺得太白目，價值觀也不同。

摩羯座＋日月命格的人

命運特質

（摩羯座‧太陽、太陰）的人，太陽屬火，太陰屬水，生於冬季，太陽受剋，太陰居旺，故此命格的人，會柔美較多，陰氣盛、陽剛較弱。同時也會人生主富不主貴。喜歡存錢理財、買房地產。會做上班族，但工作不積極，會懶洋洋的，很情緒化。

（摩羯座‧日月）的人，注重戀愛運，喜愛享福。以找戀人為職志的狀況更明顯。他們在工作上不積極，即使有貴格的人也一樣，最多是學歷稍高而已，不重成就，或根本不工作。他們只追尋或等待戀愛和享福的生活到來。

戀愛運

（摩羯座‧日月）的人，專以找尋戀人為工作或人生目標。為的是享福的生活，常換戀人，只想找到那個既會侍候他們，又能帶給他們良好物質生活的愛人。戀愛過程未必是順利的。但有的人還是可找到好配偶的。

金錢運

（摩羯座‧日月）的人，是『機月同梁格』薪水族的財運格局。要看原生家庭家境的好壞，父母富裕的，其人會金錢運特佳，一生都享福。若原生家庭家境窮的，則不富有。他們自己不積極工作賺錢，財運就會不穩定。大運的起伏，也使他們人生變動變多。但他們能略有積蓄的生活。

事業運

（摩羯座・日月）的人，工作運是不算好，欠缺貴人。你們喜談戀愛，不參與競爭，作事不積極，較沒有上進心，故通常做沒有職稱的工作，如老師、秘書、顧問，工做會不長久，常因情緒起伏而換工作。

健康運

（摩羯座・日月）的人，因為生於冬季，會怕冷，身體還好，但要小心有傷災、車禍。還要小心血液的問題。要小心一切與手足神經有關的問題。

磁場相合的星座與命格

（金牛座・天同）♥♥♥♥♥
（摩羯座・同梁）♥♥♥♥
（天蠍座・同巨）♥♥♥♥
（處女座・機梁）♥♥♥♥

不想與其溝通的星座與命格

（牡羊座・廉破）

（牡羊座・廉破）的人說話大膽、愛挑釁，（摩羯座・日月）與他話不投機，常受欺負，彼此看不慣。

摩羯座＋陽巨命格的人

命運特質

（摩羯座‧太陽、巨門）的人，生於冬季，太陽受剋，巨門屬水居旺。故而做事會不積極，懶洋洋，廢話特多，很愛講不停，未到中年就懶惰不想工作了。通常他們會振振有詞，又有許多原因和藉口，因此一生是非多，口舌問題不斷。

（摩羯座‧陽巨）的人，在事業及工作上是斷斷續續的，欲振乏力的，但其人生充滿競爭和鬥爭，無論戀愛和工作、或交友都會遇到競爭。在你們的一生中是麻煩不斷的，久而久之你們也習慣了。同樣的，做與是非、麻煩、口才有關的工作會更適合你們。命格中有『天刑』的人，能在法院任職。

戀愛運

（摩羯座‧陽巨）的人，因為生於冬季之時，說話犀利，又愛說。很死心眼，愛於糾纏，常與人競爭追求情人。有時也會與人共享情人，你們是外貌協會，但別人並不一定能看上你，所以你必須付出很多心力與金錢、禮物才能追得到。

金錢運

（摩羯座‧陽巨）的人，雖然是薪水族的財富格式。父母也不富裕，你的金錢運也不強，只能靠丑年、未年的爆發運，來多得錢財。你們的理財能力也不佳，在戀愛和工作上也不怎麼順利，多學習理財技術，才能立於不敗之地。

事業運

（摩羯座・陽巨）的人，事業運不強，生於冬季又懶洋洋的，是非又多，每天雜事忙不完。尤其官祿宮是空宮，會領薪水的日子不多。你們多半做與口才、是非有關的工作。有貴格加『天刑』的人會做律師、法官，其他的人只是一般上班族，會斷斷續續的工作糊口。適合做老師、解說員、司法人員、醫護員、保險經紀、接線生等。

健康運

（摩羯座・陽巨）的人，其健康還好，但中年逢到大運不好會有病痛。有膿血之症、淋巴系統的毛病、或大腸、肺部、消化系統潰爛、高血壓、心臟病等，要多買保險。

磁場相合的星座與命格

（金牛座・天同）♥♥♥♥

（摩羯座・太陰）♥♥♥♥

（巨蟹座・機梁）♥♥♥♥

（天蠍座・天機）♥♥♥♥

不想與其溝通的星座與命格

（牡羊座・武破）

（牡羊座・廉破）的人性格衝、說話不客氣，（摩羯座・陽巨）的人與之相遇，會死纏爛打，問題更多。

摩羯座＋武曲命格的人

命運特質

（摩羯座‧武曲）的人，因為是生於冬季天寒之時，因武曲也屬金，故是金生水多。此命格的人會性格又臭又硬，不愛說話，對人冷淡，他們重視自己的責任，努力做好自以為該負責的事情。他們喜歡自己下決定，也非常節儉、吝嗇，是超級守財奴。

（摩羯座‧武曲）的人，非常愛賺錢，會數錢，但不一定會理財。他們有『武貪格』爆發運格，但要逢到火土年才會爆發得大，是故他們要發大財都是火土年才有大富貴的。即使做軍警業也會大發富貴。

戀愛運

（摩羯座‧武曲）的人，喜歡有工作能力的人，或能幫助他事業的人為配偶。沒用的人他是不會多看一眼的。相對的，你若成為他的配偶，他也會在其他方面對你照顧有加。他是用感覺來談戀愛的人。感覺對了，很少會改變或換情人。會從一而終。若遇到感覺不對的人，會立即分手離開。毫不留情面。他們不喜歡懶惰不工作的人。因此通常他的配偶都很忙碌，會有自己的工作和事業。通常他們會晚婚，中年後他們會更吝嗇，更不易結婚。

金錢運

（摩羯座‧武曲）的人，很會賺錢。又很小氣吝嗇金錢，因此可存很多錢。他們很喜歡存現金在銀行裡，因為田宅宮是天機陷落，所以較少買房地產。此命格的人適合做金融業、金屬類產品的生意、或賣汽車、飛機、機車、刀劍等。即使做軍警業也能賺到戰爭財，或跟國防預算有關、或與立功獎金有關的錢財。龍年、狗年有爆發運，能得大富貴。

事業運

（摩羯座・武曲）的人，其事業運特佳，從商可做大企業、大老闆，若從軍警職也能升高官。並可管理財務。天生喜歡賺大錢，不喜小錢。理財能力雖不強，卻最會賺錢。持續努力，能追求做首富。

健康運

（摩羯座・武曲）的人，一般來說健康運不錯，但要小心大腸和消化系統的問題，以及肺部、支氣管炎、大腸癌、糖尿病及泌尿系統、膀胱等問題。

磁場相合的星座與命格

（金牛座・天府）♥♥♥♥♥

（處女座・紫府）♥♥♥♥

（巨蟹座・廉相）♥♥♥♥

（天蠍座・貪狼）♥♥♥♥

不想與其溝通的星座與命格

（牡羊座・破軍）

（牡羊座・破軍）的人言行都很衝又大膽，常破壞規矩，（摩羯座・武曲）的人很注重金錢價值觀與做事原則，彼此看不慣。

摩羯座＋武府命格的人

命運特質

（摩羯座•武曲、天府）的人，因為是生於冬季之時，故武曲的金遇水多會更亮，天府的土會被洩弱。故此命格的人，愛賺錢，但存不太住錢。

（摩羯座•武曲、天府）的人，此命格很保守，多半做公務員，或軍警及教職，用固執的心態努力工作。對家中父母兄弟好，但婚姻不美，會找到個性不合的配偶。如果能忍耐，也能白首。但他們也是脾氣硬，不服輸的人。他們人生中常有起伏，貴人少，有貴格的人更少，認真勤勞工作，老時會有成就。此命格的某些人，也有從事政治業及軍警業的，他們更會利用武曲強硬、堅忍不拔的性格，來完成掌權的目標。也更能能掌握大財富。

戀愛運

（摩羯座•武府）的人，配偶運不佳，戀愛古怪，喜歡和性格與價值觀不同的人談戀愛，結婚後天天吵架。也易離婚再婚。你們需要學習戀愛術，也不能太吝嗇，否則無法找到人生幸福。

金錢運

（摩羯座•武府）的人，要運用智謀才會有大財運，你們本性愛賺錢。存的少。對錢財吝嗇，是辛苦經營慢慢累積財富的。你們要多開財源才能增加及累積財富。工作運是極好的，你們需要多規劃及經營，就會大進財。但存錢的能力會稍弱，存得不算多。

事業運

（摩羯座・武府）的人，事業運很不錯，你能夠協調各部門，完成企業賦予的任務。你對工作很忠誠，善於管理，能創造良好的業績，是公司老闆及上司很企重的管理人才。你也會收入高。你也能做高等公務員，能不斷升職往上爬，不太會自己創業。但你仍然對事業有堅強的信心，由其是做政治業與軍警業的人，會有階段性的成功。

健康運

（摩羯座・武府）的人，身體健康，要小心心肺功能、感冒、肺炎、和膀胱、生殖系統的毛病，也怕乳癌、下半身寒涼、高血壓、腹痛等毛病。

磁場相合的星座與命格

（金牛座・紫殺）♥♥♥♥♥

（摩羯座・廉相）♥♥♥♥

（巨蟹座・紫相）♥♥♥♥

（天蠍座・紫府）♥♥♥♥

不想與其溝通的星座與命格

（牡羊座・武殺）

（牡羊座・武殺）的人性格很衝又兇，（摩羯座・武府）的人喜歡講道理，彼此看不慣。

摩羯座＋武相命格的人

命運特質

（摩羯座‧武相）的人，生於冬季之時，故武曲的金會發亮，而天相屬水，天相的水會生多。此命格的人愛享衣食之福，會懶一點。但容易出名，才能容易顯露，得財也多。天相是勤勞的福星，必須勤勞才有財福。此命格的人可靠理財而得更多的錢財。

（摩羯座‧武相）的人，命格中有『陽梁昌祿』貴格的人，可做官，成就較好。你們也能得到父母的蔭庇。有家產能主富。

戀愛運

（摩羯座‧武相）的人，多半是晚婚的人，戀愛運較晚。你們不懂戀愛術，也不了解異性又愛享福。你們容易找到麻煩的配偶及親家，婚姻會被搞砸。

金錢運

（摩羯座‧武相）的人，會理財，也能靠理財更生財富。但花錢也很兇，是很愛享受的人。父母會給你蔭庇。你會有好職業和好的收入及家產可用，一生財福享不完。

事業運

（摩羯座‧武相）的人，工作運很好，喜歡做老闆或主管。公務員、或做

紫微＋土象星座
算命更準！

賣衣食的商人，通常你們的外表長相佼好，也容易出名，或才華顯露出來，得到發展的機會。此命格的人很容易成就好的事業運。你也可能繼承家業再發揚光大，更上層樓。你會整天忙碌，一面工作，一面享福，特別愛吃、或愛穿。胖的人愛吃，瘦的人愛穿。有貴格的人，你會有高學歷和國外的經歷，事業成功的快。

健康運

（摩羯座・武相）的人，健康不錯，但要小心高血壓、心臟病、脾胃的毛病，糖尿病、淋巴系統、泌尿系統的問題，常感冒、肺部、支氣管炎、大腸疾病、便秘等。

磁場相合的星座與命格

（金牛座・破軍）❤❤❤❤❤

（摩羯座・紫微）❤❤❤❤

（巨蟹座・武曲）❤❤❤❤

（天蠍座・廉府）❤❤❤❤

不想與其溝通的星座與命格

（牡羊座・天機）

（牡羊座・天機）的人很衝又是非多，（摩羯座・武相）的人不想理他，享福方法不同，彼此看不慣。

摩羯座＋武貪命格的人

命運特質

（摩羯座•武貪）的人，生於冬季之時，故武曲的金會更亮更硬，而貪狼屬木，冬木為歸根復命之時，也是病體。『武貪』本是爆發格，會有偏財運，但需火來引發，如果命格缺火的人，會不發或發得小了。此命格的人，脾氣超硬古怪，自有想法，愛賺錢，人際關係差，不太理人，自信心強，雖然運氣不如夏天的星座那麼好，但還算是好運的人。因為在牛年、羊年仍然有爆發運發生。重要的是，火年、土年會爆發的大。金水年會爆發的小或不發。此命格的人一生的起伏大。卯、酉年為衰落期。你要抓住起落的節奏，人生才容易成功。

戀愛運

（摩羯座•武貪）的人，是晚婚的人。配偶會理財、又貼心。此命格的人天生財氣逼人，他們又善於挑選適合自己的人選談戀愛，因此戀愛運好。他們雖吝嗇小氣，但對自家老婆、孩子很大方。這是他們有家庭凝聚力的原因之一。

金錢運

（摩羯座•武貪）的人，財運很好的人，愛賺錢。對外人小氣吝嗇，對自己家人很大方。雖會賺錢但手頭鬆，不會理財，有配偶會幫忙理財。在牛、羊年的爆發運會幫他們賺進大財富。卯、酉年會破敗。人生有起有落。若好運可連著三個大運。定能發富為富翁。

事業運

（摩羯座・武貪）的人，運氣不錯，又喜歡工作與賺錢。但主要還是靠牛、羊年的爆發運，事業才會成功。火土年時你們敢於投資，也能抓住機會，可成就發富的動力。金水年主洩，會發得小或不發。也要小心卯、酉年衰落得不要太低，以防爬起來難。

健康運

（摩羯座・武貪）的人，身體好。但要小心手足傷、四肢酸痛、肺部、支氣管炎、大腸、消化系統的問題，以及心臟病、高血壓，頭痛症。

磁場相合的星座與命格

（金牛座・紫殺）♥♥♥♥♥

（摩羯座・紫府）♥♥♥♥

（巨蟹座・武曲）♥♥♥♥

（天蠍座・天府）♥♥♥♥

不想與其溝通的星座與命格

（牡羊座・天機）

（牡羊座・天機）的人會耍賴來借錢，（摩羯座・武貪）的人很不爽、又生氣，會躲避他，彼此看不慣。

摩羯座＋武殺命格的人

命運特質

（摩羯座•武殺）的人，生於冬季水氣重之時，故武曲、七殺的金會更亮更旺，因此此命格的人，決斷力、決心強，人際關係也不算好，有自己的想法和規矩，不講情面。喜做決斷性的工作，多半做律師、法官等，或獄警。

（摩羯座•武殺）的人，從武職（軍警業）最佳，會有好的成就。做文職，容易窮。做體力大的工作，勞苦一點會很有成就感。你喜歡勞動，一生命運多起伏，堅持自己的信念，最終會成功。你們婚後頭子難，要注意身體多傷的問題。

戀愛運

（摩羯座•武殺）的人，雖然性格冷感，很酷，但很有魅力。你喜歡可以和你商量及幫助你人生大事的情人或配偶，所以積極找尋。在火土年你會找到靈魂伴侶。運氣非常好。如此你的人生重新展開新機。配偶也會理財與整理家務，正是你等待的那個人。

金錢運

（摩羯座•武殺）的人，金水年財運不佳，火土年財運略好。你們做公務員、公司職員會正直、有原則。不取不義之財。很節儉，對錢財不看重，喜歡賺立功行賞的錢。婚後有配偶會幫你理財存錢。

事業運

（摩羯座・武殺）的人，工作運極好，作軍警武職能立大功，富貴都有。作文職較窮。平常你會積極打拼、勞心勞力，可擁有高級主管的地位。你們愛聲名、愛搶功勞，會把人生目標定得很高，去努力追求。

健康運

（摩羯座・武殺）的人，健康良好。但要小心肺部、汽管炎、大腸、膀胱、生殖系統、及下腹部寒涼的問題。

女性也要小心乳癌、卵巢、子宮等問題。男性要小心輸精管、尿道、攝護腺等問題。

磁場相合的星座與命格

（金牛座・天府）❤❤❤❤❤

（巨蟹座・紫相）❤❤❤❤

（摩羯座・廉府）❤❤❤❤

（天蠍座・紫貪）❤❤❤❤

不想與其溝通的星座與命格

（天秤座・同巨）

（天秤座・同巨）的人說一套做一套，假里假氣，（摩羯座・武殺）的人，態度強硬，會趕走他。

摩羯座＋武破命格的人

命運特質

（摩羯座‧武曲、破軍）坐命的人，生於冬季水氣重之時，故武曲屬金會亮會旺，破軍屬水，水冷金寒，較無義。此命格的人脾氣冷酷，不擅人際關係，容易耗財，賺錢不多。在火土年你們比較好過，也容易結婚。在金水年會窮，賺錢不易。

（摩羯座‧武破）的人，個性耿直，雄心強、勤勉。對人冷感，態度不親切，有點兇。但你們環境中會出現貴人來幫你度過低潮。你的工作運很好，有貴格的人會有大成就。你們膽子大，敢於冒險，人生也有大突破。

戀愛運

（摩羯座‧武破）的人，個性固執堅強，但內心有慈善的一面，常同情柔弱者，也喜歡漂亮俊俏的人。如果這兩個條件同時出現，他肯定被俘擄了。你們的露水姻緣特別多，常隨環境變化而出現，因此有多段婚姻。

金錢運

（摩羯座‧武破）的人，不信邪，雖然賺錢不易，多辛苦艱難。做軍警業對你有利，會賺錢簡單又多獎金可領，生活富足。做文職的薪水族是不夠你花的。你也愛享受，財運並不好。若卯、酉年有偏財運，可稍發富。

事業運

（摩羯座・武破）的人，事業運不錯，你們很少有貴格，做到高階主管不錯了。凡是競爭多、兇險多的行業最適合你們。軍警業、政治界，向外拓展業務人員、或情報蒐集人員、或是救難、車禍現場的救助工作都適合你們。做文職會窮。

健康運

（摩羯座・武破）的人，身體還健康，但要小心高血壓，頭痛、中風、心臟病、糖尿病、脾胃方面的毛病、內分泌及淋巴系統的病症。傷災及車禍等。

磁場相合的星座與命格

（金牛座・紫相）❤❤❤❤❤

（處女座・廉相）❤❤❤❤

（巨蟹座・天相）❤❤❤❤

（摩羯座・紫貪）❤❤❤❤

不想與其溝通的星座與命格

（金牛座・機巨）

（金牛座・機巨）的人頑固、學問又好，記憶力強，（摩羯座・武破）的人受不了他的挑錯本領，衝突吵架不斷。

摩羯座＋天同命格的人

命運特質

（摩羯座•天同）的人，生於冬季水氣重之時，天同屬水，雖然水旺，但水冷金寒，也為不義。此命格的人，平常會懶洋洋，好像很會享福，但只是打混過日子。你們要到火年或土年會積極奮發，財運才會旺。金水年你們較辛苦，賺錢不易，麻煩多、是非多。

（摩羯座•天同）的人，喜歡享福及玩樂。但不一定能真正享到福，也許只是東奔西跑，自以為在工作或享福，卻是一事無成，也沒真正玩到。你們不喜別人管，害怕束縛，但真正捆綁你們的是：摩羯座的愛工作的責任感個性和天同福星散漫性格的衝突問題，所以你們一直變來變去。

戀愛運

（摩羯座•天同）的人，喜歡有自由感、現代前衛思想的人做對象，討厭跟不上時代、愚笨的人。你們很容易找到看起來時髦聰明的人做情侶。容易遭騙，也容易碰到兇煞情人。

金錢運

（摩羯座•天同）的人，財運不甚好。是薪水族的財運，但工作不見得穩定。有時要靠父母長輩接濟。財運起伏大，不過，貴人運好的人就會衣食無憂，貴人運少的人會有段窮困日子。

事業運

（摩羯座・天同）的人，一定要有固定薪水的工作。若在家族事業中幫忙，也要支薪才行。此星座的人運氣不佳。但會個性強，喜歡掌權，但不一定掌得住權。即使能做主管，你溫和又固執的性格，仍然會被欺負。在人際關係方面你有時無能為力，你雖是福星，但打拼力還是不足的。

健康運

（摩羯座・天同）的人，身體健康，但要小心肺部、支氣管炎、大腸、淋巴系統、心臟病、免疫能力下降、耳朵、肝腎、腰痠背痛等問題。

磁場相合的星座與命格

（金牛座・機梁）❤❤❤❤
（摩羯座・機巨）❤❤❤
（巨蟹座・同陰）❤❤❤
（天蠍座・陽梁）❤❤❤

不想與其溝通的星座與命格

（牡羊座・廉破）

（牡羊座・廉破）的人說話大膽口沒遮攔，（摩羯座・天同）的人容易覺得被欺負，彼此看不慣。

摩羯座＋同陰命格的人

命運特質

（摩羯座‧天同、太陰）的人，生於冬季水氣重之時，天同與太陰都屬水，會水冷金寒。所以會外表酷酷的，為人冷淡。工作提不起勁，財運也不太好，享福與戀愛也不太順利。

（摩羯座‧同陰）的人，本來是喜歡以愛情與享受為人生目標的。但此命格的命體寒涼，要到夏天天暖時，才會運氣好。普通也是火年、土年會財運佳，會享到福。此命格的人是薪水族財運，但在牛、羊年有爆發運，就能得到他們享要的富貴了。有貴格的人會高人一等，為高級公務員。

戀愛運

（摩羯座‧同陰）的人，以愛情與享受為人生目的。艷遇不斷，即使七、八十歲都會還在戀愛。他是靠情人來照顧生活與財富的。如果其配偶對他照顧不夠，就會有其他情人來代替職責了。他可是沒有空窗期的。

金錢運

（摩羯座‧同陰）的人，『機月同梁』格是其財運格局。通常做上班族，窮運時，會有窮情人相偎生暖。富運時，會有多金的配偶相挺。你們的外型俊美姣好，這是最大資本。另外，你們在牛、羊年還有爆發運，也能發富，只是人生會有起落而已。

紫微＋土象星座算命更準！

事業運

（摩羯座・同陰）的人，是『機月同梁』格的人。適合做公務員或薪水族，通常窮的時候才工作。談戀愛時就不工作了。雖然此星座的人具有責任感，但工仍是一段時期一段時期的，並不會很長久。命格中有貴格的人，學歷與經歷都會高。

健康運

（摩羯座・同陰）的人，身體健康。要小心腎臟和肺部、淋巴系統、泌尿系統的問題、膀胱不好。以及手足之災，還有傷風感冒、乳房、生殖系統的問題。宜多吃紅色、土黃色蔬果。

磁場相合的星座與命格

（金牛座・機梁）❤❤❤❤❤

（處女座・太陽）❤❤❤❤

（巨蟹座・巨門）❤❤❤❤

（天蠍座・天梁）❤❤❤❤

不想與其溝通的星座與命格

（射手座・武破）

（射手座・武破）的人喜歡到處跑，根本看不到人（摩羯座・同陰）的人，無法忍受消失的情人，彼此看不慣。

摩羯座＋同梁命格的人

命運特質

（摩羯座‧天同、天梁）的人，生於冬季水氣重之時，『同梁』已是土蓋水了。天同是水冷寒涼，天梁是土被洩弱，因此此命格的人雖愛享福，但享福不多。他們會做事懶洋洋，提不起勁來。夏天天熱時較起勁，秋冬就無力感了。

（摩羯座‧同梁）的人，有時會酷酷的，說些風涼話。喜歡批評或反諷，他只是稍為玩樂一下，別無惡意。但自己既怕負責，又不想做大事，雖然很聰明好像樣樣都會，卻沒有實際的用處。

戀愛運

（摩羯座‧同梁）的人，很有談戀愛的聰明機靈。口才不錯，很會搭訕，把妹的技術一流。貌似忠厚，很容易懵騙戀愛對象。其實他只想找個避風港，好好享福一下。他會找聰明又愛工作的對象，分擔養家的責任與費用。

金錢運

（摩羯座‧同梁）的人，是薪水族的財運格局。女性常幫忙他的財運，他是純以聰明才智來賺錢的。你會在交朋友上花費很多錢，想巴結權貴或高官，但總是不成功。你也用盡心機嫁娶有錢的配偶，為你帶來財富。

紫微＋土象星座 算命更準！

事業運

（摩羯座・同梁）的人，靠聰明或設計、或創造新的說法，你們很會瞎掰，有一張業務嘴，喜歡聊天和遊說人，經由言與的交流，你可確定你所設計的說法的可行性，藉以得到成就感。命格中有『化權』的人，可能還有機會成功。一般人或沒有貴格的人只是一般上班族，為別人工作。你從來不想辛苦創業，卻喜歡用嘴巴訴說你的夢想，自然只如春風吹過一般，自我陶醉能了。

健康運

（摩羯座・同梁）的人，身體不錯，但要小心耳朵及肺部、脾胃、膀胱的毛病、腎虛、免疫能力失調、大腸、氣管炎、感冒等疾病。

磁場相合的星座與命格

（金牛座・機巨）❤❤❤❤❤
（摩羯座・同巨）❤❤❤❤
（巨蟹座・同陰）❤❤❤❤
（天蠍座・天相）❤❤❤❤

不想與其溝通的星座與命格

（牡羊座・廉貪）

（牡羊座・廉貪）的人會說難聽的話，專挑毛病。（摩羯座・同梁）的人會被嗆聲，彼此看不慣。

摩羯座＋同巨命格的人

命運特質

（摩羯座‧天同、巨門）的人，生於冬季水氣重之時，天同、巨門也都屬水，冬季嚴寒，水冷金寒，命格太冷，根本懶惰提不起勁，也會身上多病，有心臟或淋巴系統的毛病。表面上他們溫和沒脾氣。一生是非口舌不斷。沒法做正事。

（摩羯座‧同巨）的人，從小就會稱病而逃避學習。工作後也會推諉責任，只注重玩樂享福之事。此星座的人會有好的父母對你好。而讓兄弟姐妹吃醋。有貴格的人會有高學歷和好的工作。有『明珠出海』格的人，會有富貴人生。（※『明珠出海』格請參考法雲居士所著《使你升官發財的『陽梁昌祿格』》一書。）

戀愛運

（摩羯座‧同巨）的人，本來很會戀愛，但此星座的人會對人冷淡，和本命財少，也會找到不富有的配偶，會因錢財常吵架。你個性直，也沒辦法幫配偶升官發財。只能做一對相互埋怨的配偶。

金錢運

（摩羯座‧同巨）的人，財運不

佳，靠父母長輩接濟。自己偶而能賺些打工的錢。火、土年你會財運好一些。其他就是靠家人幫助了。

事業運

（摩羯座・同巨）的人，沒有事業運，工作也斷斷續續，喜愛玩樂，偶而會打工，或做一些短期的工作，還是屬於薪水族的一員。但做不久，有些人會不斷的換工作。有些人會享福，等待家人的接濟。

健康運

（摩羯座・同巨）的人，表面健康。實際身體會有隱性的病症。要小心耳朵、心臟及內分泌、或甲狀腺有問題、淋巴系統、消化系統的病症，或膀胱、腎臟、生殖系統的開刀手術。

磁場相合的星座與命格

（金牛座・太陰）♥♥♥♥♥

（摩羯座・太陰）♥♥♥♥

（巨蟹座・天機）♥♥♥♥

（雙魚座・太陽）♥♥♥♥

不想與其溝通的星座與命格

（牡羊座・武貪）

（牡羊座・武貪）的人，很會工作賺錢，不想理沒用的人。（摩羯座・同巨）的人怕被數落，彼此看不慣。

摩羯座+廉貞命格的人

命運特質

（摩羯座•廉貞）的人，生於冬季天寒之時，廉貞屬火，火在冬天是氣勢衰絕。故此命格的人會陰沉，性子悶，個性不開朗。也會運氣不太好，廉貞需火旺，才會財運好，智謀多，企劃能力好。但此命格的人完全冷下來了。做事的積極力不足，責任心也沒那麼強了。

（摩羯座•廉貞）的人，雖然佔有慾強，但常無力為之。夏天還勤奮，冬季會懶洋洋。做事提不起勁來。有貴格的人可有成就。無貴格的人其學歷和事業成就都不高。

戀愛運

（摩羯座•廉貞）的人，是缺乏情趣的人。雖有桃花，但會對情人冷淡，有時更會從情人身邊溜走。你們會在夏天談戀愛，到冬天會分手。這是因為命格太寒涼，性格也古怪冷酷了，因此戀愛談不久。中年以後較孤獨。

金錢運

（摩羯座•廉貞）的人，是同命格中財運算差的，其實也不錯啦！即使要借錢也借得到。但財富不豐。你在火、土年會大賺錢。在金水年會較窮。因為火土年，你們較帶勁。金水年會懶洋洋

紫微＋土象星座 算命更準！

懶得動。要小心中年以後會怠惰，賺錢更不易。

事業運

（摩羯座・廉貞）的人，心情好時很喜歡打拼。心情低落時，便無法企劃籌謀了。不過你們還是喜歡賺錢，對政治、地位也有興趣，也喜歡做官。有貴格的人還是可以做到的。沒貴格的人會是小主管或小商人命格。

健康運

（摩羯座・廉貞）的人，身體算是健康，但很勞碌。要小心膿瘡、血液的問題、肝腎和消化系統的毛病。要小心糖尿病、胃病。

磁場相合的星座與命格

（金牛座・貪狼）❤❤❤❤❤
（摩羯座・紫貪）❤❤❤❤
（巨蟹座・武府）❤❤❤❤
（天蠍座・紫相）❤❤❤❤

不想與其溝通的星座與命格

（雙魚座・太陰）⛄

（雙魚座・太陰）的人很情緒化，愛掌握錢。（摩羯座・廉貞）的人不想哄他，彼此看不慣。

摩羯座＋廉府命格的人

命運特質

（摩羯座・廉府）的人，生於冬季天寒之時，廉貞火弱，天府屬土也洩弱。故此命格的人是會有點怠惰的。他們的財富會較少。要到火、土年，或夏天才會多賺錢與較富有。你們的事業與財富都是要靠人際關係的結交與建立才會擁有的，但此星座的人會有些冷淡，因此不利於你們的發財機會。

（摩羯座・廉府）的人，個性、思想觀念都有些古怪，會打破世俗觀念來做事。平常很小氣吝嗇，但很肯下資本去做人際關係。以物質享受來彌補感情的空缺。

戀愛運

（摩羯座・廉府）的人，總是找到和自己不一樣想法和價值觀的情人或配偶。大多再婚、三婚。老年時會孤獨。他們會和世俗觀念不一樣，有自己一套選對象的標準，但一生都在解決感情問題。他們是冷感的人。

金錢運

（摩羯座・廉府）的人，財運平平。你運氣好時會拚命賺錢。冬季運氣不佳，會到處拜拜，求神問卜，以增財運。雖然你並不見得相信神明，但只要對賺錢有利的事你都會去做。雖然運氣有起伏，你一定生活無憂的。

事業運

（摩羯座・廉府）的人，工作運平平。你有衣食之祿。也會做與衣、食相關的行業。其他如做賺錢多的行業，就會競爭大，你有時爭不過。例如做政治業、銀行業、金融業、保險業等。在這些行業中你只是個小兵丁。但能存到一點錢。

健康運

（摩羯座・廉府）的人，還算健康。但要小心膿血之症、長腫瘤或膿包，以及手足之傷、肝腎毛病、子宮、輸卵管、輸精管、攝護腺等問題。也要小心血液的問題。

磁場相合的星座與命格

（金牛座・紫殺）♥♥♥♥♥
（摩羯座・紫微）♥♥♥♥
（巨蟹座・七殺）♥♥♥♥
（天蠍座・武相）♥♥♥♥

不想與其溝通的星座與命格

（牡羊座・陀羅）

（牡羊座・陀羅）的人又衝又笨，（摩羯座・廉府）的人很難跟他溝通，彼此看不慣。

摩羯座＋廉相命格的人

命運特質

（摩羯座‧廉貞、天相）的人，生於冬季水氣重之時，廉貞屬火很弱，天相屬水，天寒水冷，氣勢洩弱一些，此命格的人在夏天會財福多一些。冬天會財福少。『廉相』在易經上就是一元復始，故此命格的人容易重新開始，當然很多事情也會歸零再開始。即使他們無奈也沒辦法。

（摩羯座‧廉相）的人，兄弟、朋有間多爭執，但他能調解紛爭，能做事，較公正，是個老好人。生於此時節的人，父母不富，家產不多，還好他們自己有爆發運。龍年、狗年會爆發。火土年會爆發大。金水年較小或不發。

戀愛運

（摩羯座‧廉相）的人，缺乏戀愛術，性格執拗，雖對配偶忠心，但不會巴結討好，很令配偶抱怨。他們多半是幼年同學，或工作時的同事關係認識的，彼此看對眼而結婚的。老實忠厚的外表，很讓人信賴。

金錢運

（摩羯座‧廉相）的人，在同命格中是財運平平，但比別的命格好。性格保守，不太會投資，有時也會手頭拮据，但很快會緩過來。你們會做一份固定的工作，再兼一份差來賺錢。不過辰、戌年的爆發運會帶來大財富。

事業運

（摩羯座・廉相）的人，工作上有好運，事業運就是『武貪格』，流年運行到龍年、狗年，就會有事業爆發。火土年爆發較大，金水年爆發較小。你適合做直接與錢財有關的行業。如金融業、房地產、銀行工作。這樣財運會好。

健康運

（摩羯座・廉相）的人，身體健康。要小心手足之傷，肝腎的毛病。糖尿病、免疫能力較差，以及血液的問題。

地中海型貧血等。有擎羊同宮或相照的人，有『刑囚夾印』格，會有兔唇、傷殘，需要多次開刀手術。

磁場相合的星座與命格

（處女座・紫府）♥♥♥♥♥
（金牛座・武曲）♥♥♥♥
（金牛座・天府）♥♥♥♥
（處女座・破軍）♥♥♥♥

不想與其溝通的星座與命格

（雙魚座・天機）

（雙魚座・天機）的人十紛情緒化愛搞古怪，（摩羯座・廉相）的人搞不過他。

摩羯座＋廉殺命格的人

命運特質

（摩羯座•廉貞、七殺）的人，生於冬季水氣重之時，廉貞火幾乎滅絕，七殺金會洩弱金寒。此命格容易頑固、又兇，很悶，常有無力感與情緒低落，要小心憂鬱症。你們是生性節儉的人，很難合群，無法與人合作事業。人際關係不佳。

（摩羯座•廉殺）的人，有貴格的人，很會讀書，未來也會有成就。有『廉殺羊』格局的人，超會競爭，但身體不好，必有開刀手術或車禍受傷等事會發生。但他們大多有家財，經濟能力還不錯。只要不胡亂打拼，生活無虞。

戀愛運

（摩羯座•廉殺）的人，也缺乏戀愛術，但他們要求不高，運氣也好，會找到好幫手做情人或配偶。有些人會相親結婚，也會找到聽話的配偶。

金錢運

（摩羯座•廉殺）的人，財運還好，火土年有賺錢的好運氣。金水年會困苦一點。他們會有苦幹與冒險犯難的精神，作軍警業或危險的行業，會主富。

事業運

（摩羯座•廉殺）的人，做軍警職最佳。否則是雜亂、危險、髒亂或衝鋒陷陣的工作。做文職主窮困。火土年工作運好，你也會奮發向上。金水年你會鬱卒、提不起勁。有貴格的人，能有高成就。若是生易人會賺錢不豐。你會有專業技術以維生。

健康運

（摩羯座•廉殺）的人，還算健康。幼年身體弱。要小心心臟病、血管及血液的毛病。肺部、大腸及車禍的傷害。

磁場相合的星座與命格

（處女座•紫府）♥♥♥♥♥

（金牛座•天府）♥♥♥♥

（摩羯座•紫貪）♥♥♥♥

（天蠍座•武破）♥♥♥♥

不想與其溝通的星座與命格

（巨蟹座•天府）

（巨蟹座•天府）的人，很重視錢財，算得清清楚楚。（摩羯座•廉殺）的人很煩感，不去招惹他。

摩羯座＋廉貪命格的人

命運特質

（摩羯座・廉貞、貪狼）的人，生於冬季水氣重之時，因為廉貞火弱，貪狼屬木也木氣弱。雖然水會生木，但天氣寒冷，凍木不發。此命格的人也人際關係差。

常情緒低落，運氣也差，會人見人厭。他們本身氣場差，會專說不好聽的話，常與人有衝突。

（摩羯座・廉貪）的人，若命、遷二宮有火星或鈴星出現，在巳、亥年會有爆發運，做軍警武職可功成名就。一般人也可爆發財富。有貴格的人也會有成就。只是你們常有爛桃花，要小心會敗事，也會聲名狼藉。

戀愛運

（摩羯座・廉貪）的人，有很多爛桃花。因為你們喜歡性能力好的人，常換男女朋友，露水情緣很多。但真正喜歡的人會追不到。雖然你會死纏爛打，最終也未能如願。但柳暗花明又可找到多金的配偶。

金錢運

（摩羯座・廉貪）的人，財運不佳。又喜歡買精品及物質享受，喜歡酒色財氣，又常鬧窮。火土年生活較平順財多。金水年較窮困。配偶會為你存錢，早點結婚對你有利。做文職錢少。做武職較富裕。

事業運

（摩羯座・廉貪）的人，一定要做軍警業（武職），再有爆發格會大發，功成名就。

也會做大官。部份此命格的人會做科技類的事業，也賺錢較多。做文職不富。通常你的人緣不好，需要配偶相幫助，才能升大官或升職。

健康運

（摩羯座・廉貪）的人，還算健康，但要小心神經系統失調的毛病。手足受傷，肝腎的毛病、性病、及腸胃等消化系統不佳等。

磁場相合的星座與命格

（處女座・紫破）❤❤❤❤❤
（金牛座・武相）❤❤❤❤
（摩羯座・天府）❤❤❤❤
（獅子座・紫相）❤❤❤❤

不想與其溝通的星座與命格

（獅子座・巨門）

（獅子座・巨門）的人心情很嗨，不喜歡陰死陽活的人，（摩羯座・廉貪）的人提不起勁，對他看不慣。

紫微＋土象星座 算命更準！

摩羯座＋廉破命格的人

命運特質

（摩羯座•廉貞、破軍）的人，生於冬季水氣重之時，廉貞屬火很弱幾乎滅絕。破軍屬水很寒，需火土來相幫。此命格的人，會破財多一些，火土年較富裕，金水年較窮困。你們總在時間不對的時候打拼，會很辛苦又無成果，情緒很低落。

（摩羯座•廉破）的人，敢於做別人不敢做的事。此命格的人會更加狂妄，人緣不好，不畏艱難，髒臭，敢衝鋒陷陣，也不畏權貴，敢做敢當。在牛、羊年也偏財運會爆發。也能增加一些財富。

戀愛運

（摩羯座•廉破）的人，勇於突破社會規範，談超出常規的戀愛。也不重身份地位，敢於大膽嚐試。你有時冬季較窮會談戀愛解憂。你會同居不婚，或二婚、三婚，會霎那間落入愛情，一見鍾情。戀愛時間短暫。也會很快分手。

金錢運

（摩羯座•廉破）的人，財運大體說來還好，你們會為自己買精品。但財窮時也能吃苦堅忍。你們會在夏天財運好，冬天較窮。火土年大發，金水年窘困。

牛、羊年會有爆發運，能賺大錢。做軍警職也能收入佳。

事業運

（摩羯座・廉破）的人，工作機會多，也能多賺錢。事業運上具有爆發運，做武職或從商能爆發更多財富。在丑、未年，又是火土年的話，爆發更大。可能是一生最大一次的爆發運。做文職不富。要小心兔年、雞年的暴落。

健康運

（摩羯座・廉破）的人，表面身體還好，其實會破破爛爛。但要小心多傷災、車禍、開刀，肝腎問題、糖尿病、免疫能力失調、脾胃及大腸的毛病，也要小心淋巴癌和血液的問題。

磁場相合的星座與命格

（處女座・天相）♥♥♥♥♥
（金牛座・紫相）♥♥♥♥
（摩羯座・武貪）♥♥♥♥
（巨蟹座・廉相）♥♥♥♥

不想與其溝通的星座與命格

（天秤座・武曲）

（天秤座・武曲）的人重視錢財，重承諾，（摩羯座・廉破）的人一付無所謂的樣子，價值觀不同，彼此看不慣。

摩羯座＋天府命格的人

命運特質

（摩羯座•天府）的人，生於冬季水氣重之時，天府五行屬土，土在冬天為凍土不發。是故此命格的人在存錢方面會存不住、存不多。財庫不豐。也不太會精打細算，會有點懶洋洋的無勁。

（摩羯座•天府）的人，喜歡賺錢與享受，但此命格的人會有破財現象，賺錢的能力及機會沒那麼好，會辛苦又賺錢少。你適合在靠近金錢的地方任職，會賺錢多。所以金融業、銀行、股票交易所適你最好的職場。做軍警業反而不佳。做與傷災、刀劍有關的行業也不佳，會刑財。

戀愛運

（摩羯座•天府）的人，戀愛運也是破破爛爛的。你們總找到和自己價值觀不同的人為對象。一開始很新鮮，過一陣子就醒過神來了。你們真的是落入愛情的陷井中，常吃虧上當。也常更換配偶。二婚、三婚很平常。

金錢運

（摩羯座•天府）的人，雖是喜歡賺錢及存錢。但要注意你們財運上的起落周期。你們會在夏天富裕，在冬天財窮。會在火土年財多、財旺。在金水年

紫微＋土象星座
算命更準！

窘困。小心把握，會有順遂的金錢運。

事業運

（摩羯座・天府）的人，一定要與金錢靠近，才會富裕。多做與財務、金融理財有關的工作最好。不會算帳的人會窮極一生。你們會在夏天工作時機好，很忙碌。在冬天財運不穩，不適合自營開店營生。你們有天生愛管錢的本性，但不一定管得好。在金融機構做薪水族較會穩定。

健康運

（摩羯座・天府）的人，健康好，重要的是脾胃、大腸的問題。此外高血壓、心臟病、肝腎問題、糖尿病、手足傷、膀胱、生殖系統都要小心。

磁場相合的星座與命格

（金牛座・紫殺）❤❤❤❤
（處女座・紫相）❤❤❤
（巨蟹座・七殺）❤❤❤
（天蠍座・武府）❤❤❤

不想與其溝通的星座與命格

（牡羊座・破軍）

（牡羊座・破軍）的人很敢花錢，省不下來，（摩羯座・天府）的人不想浪費，看不慣他。

摩羯座＋太陰命格的人

命運特質

（摩羯座‧太陰）的人，生於冬季水氣重之時，太陰也屬水，水冷金寒，此命格的人，會氣勢弱。愛哭，情緒變化大，常情緒低落，會有憂鬱症。你們天生喜歡存錢及買房地產，但並不一定如願。

（摩羯座‧太陰）的人，是『機月同梁』的人，以薪水族的格局為主。此星座的人會賺錢辛苦，專心做上班族較好。固定存錢，謹慎理財，未來可做房東收房租過活。你們的異性緣很好，但與女性不合。小心守財為妙。

戀愛運

（摩羯座‧太陰）的人，雖喜歡談戀愛，但你們與女性不合，此命格的男性結婚不易，要不然會被配偶或情人吃得死死的。此命格的女性，有點散散懶懶的味道，總有戀愛找上門。他們並不積極，但天生有魅力吸引人。只是婚姻運有好有壞，各憑命運了。

金錢運

（摩羯座‧太陰）的人，性格太冷的人，財運就會不好。性格脾氣稍好的人，就會理財也財運佳。這是因為命格裡稍有火來暖命生財之故。命格太寒涼的，會窮困。此命格的人喜歡做會計工作很會算帳。財富是靠儲蓄來積存的。你們也喜歡買房地產來儲存錢財。多少能積存財產。

事業運

（摩羯座•太陰）的人，工作很穩定。是朝九晚五的作息，喜歡自己開店、開公司，但你們最適合的工作是在銀行上班。不然也會做與銀行有關的行業，常跑銀行。你們適合做計算、文書、文職的工作，不適合做軍警武職，否則不容易鬥爭鬥贏。

健康運

（摩羯座•太陰）的人，健康不錯，但要小心脾胃、大腸、肺部，肝腎或淋巴系統的毛病。也要注意生殖系統、乳癌、子宮或精囊、性病等問題。

磁場相合的星座與命格

（處女座•巨門）❤❤❤❤

（摩羯座•陽巨）❤❤❤

（金牛座•天機）❤❤❤

（天蠍座•太陽）❤❤❤

不想與其溝通的星座與命格

（牡羊座•七殺）

（牡羊座•七殺）的人兇，不講理，（摩羯座•太陰）的人很嬌貴，不喜歡粗魯的人。

摩羯座＋貪狼命格的人

命運特質

（摩羯座‧貪狼）的人，生於冬季水氣重之時，貪狼五行屬木，為凍木，會盤屈在地，氣勢弱。其人會性格冷漠、彆忸，好似很有主見，但不一定是好主意。有時會搬石頭砸自己的腳。貪狼本來是好運星，但季節不對，運氣會減半。你們會做事馬虎，此星座的更甚。

（摩羯座‧貪狼）的人，會龜毛一點，也喜歡保守的躲在家中不外出。但命格中有『火貪格』或『鈴貪格』的人，會有爆發運，能擁有大財富。命格中有貴格的人能做大官。以武職最能爆發。

戀愛運

（摩羯座‧貪狼）的人，固執於自己的感情模式，他會喜歡青梅竹馬的情人，或國中、高中時代的初戀情人。以此為戀愛偶像去尋找夢寐的配偶。最後一定能找到他合意的配偶，並幫助他理財及事業成功。

金錢運

（摩羯座‧貪狼）的人，雖然運氣佳。但財運還是要打拼才會有大富貴的。他們花費大，也不惜一切消耗要成功，因此是先花後賺，花得多，不一定也賺得多。實際上，他們是浪費的，愛享受的。還好父母會遺留家產給他，配偶也會帶財富給他們。有『火貪格』、『鈴貪格』的人會爆發大財富。

事業運

（摩羯座‧貪狼）的人，必須打拼工作。適合做軍警武職。人生才會大鳴大放。做文職會辛苦勞力，賺錢少。你們會在火土年大發，在金水年事業萎縮。同樣的，在夏天運氣好，在冬天伸展不開。因此以季節做規劃的事業會更好。

健康運

（摩羯座‧貪狼）的人，健康不錯。但要小心消化系統及神經系統的毛病，心臟病、高血壓，手足的問題，和性病。生殖系統的毛病。

磁場相合的星座與命格

（處女座‧紫微）❤❤❤❤

（金牛座‧武貪）❤❤❤

（巨蟹座‧武曲）❤❤❤

（獅子座‧武相）❤❤❤

不想與其溝通的星座與命格

（天蠍座‧天機）

（天蠍座‧天機）的人，很有心機，喜歡惹事，（摩羯座‧貪狼）的人很煩感，會溜走，彼此看不慣。

摩羯座＋巨門命格的人

命運特質

（摩羯座・巨門）的人，生於冬季水氣重之時，巨門五行屬水，冬水寒凍洩弱，這會影響他們本命的財運稍少。以及中年時期怠惰的問題。他們天生口才好、可靠口才吃飯。還是有貴格的人，會有大成就。

（摩羯座・巨門）的人，小時身體不好，有腸胃炎或肝病，有些人甚至會被送人做養子。成年後命運好轉，但是非多，愛吃、喜歡講話表現。你們會在夏天運氣好，冬天寒冷運氣差。火土年會賺大錢，金水年窘困。

戀愛運

（摩羯座・巨門）的人，很會談戀愛，精通戀愛術。口才好，是他們的最佳利器，會直接遊說自己心儀的目標。會找到美麗溫柔的配偶。配偶還會為他帶來財富。人生會美滿幸福。

金錢運

（摩羯座・巨門）的人，財運不算好，靠口才或是非吃飯，如做教師、律師、法官，他們都喜歡高級的生活享受。本命是薪水之財，但有些人會橫發，或做詐騙集團，或做股票買空賣空等，運用錢財流通而致富。這都要逢火土年才有可能。

事業運

（摩羯座・巨門）的人，工作收入只是一般薪水族格局。此命格的人做教師、律師、法官，高級公務員或民意代表、立法委員、教堂牧師。有貴格的人會有高學歷、也很有成就。一般人會做保險員、業務員，金融操作員、販售貨品，也會賺錢多。

健康運

（摩羯座・巨門）的人，健康還可以，幼年要小心腸胃炎，一生要小心消化系統、大腸的問題、淋巴系統、血液、尿道、及內分泌系統、淋巴癌、耳朵、心臟、便秘、痔瘡、免疫系統、甲狀腺等問題。

磁場相合的星座與命格

（處女座・機巨）♥♥♥♥♥
（摩羯座・太陽）♥♥♥♥
（金牛座・同梁）♥♥♥♥
（處女座・太陰）♥♥♥♥

不想與其溝通的星座與命格

（射手座・廉貞）

（寶瓶座・廉殺）的人又臭又硬。（摩羯座・巨門）的人，無法跟他溝通，磁場不同，彼此看不慣。

摩羯座＋天相命格的人

命運特質

（摩羯座・天相）的人，生於冬季水氣重之時，因為天相屬水，冬水寒凍，運氣不開。此命格的人要比其他星座的人勞碌。容易心灰意冷。你們原本會修理復建的本領，也會慢半拍。對人也會有些冷漠。

（摩羯座・天相）的人，會帶財給家庭或環境，也會整理家庭或環境。此人很能幹，刻苦耐勞，會做事。但夏天的運氣比較好，冬天的運氣較差。你也會在火土年要順利，財多。在金水年較困窘。你講究公平、公道，這會使你自困於自己設定的框架中，難以自拔。

戀愛運

（摩羯座・天相）的人，本身是老實忠厚的人，環境較複雜混亂，會輕易相信大膽、誇張的人，容易被騙，婚後才真正了解配偶。婚姻不長久。你們喜歡會逗你笑，或稍有大膽行徑帶你去冒險的人，你很快的被情人俘擄上床，你們可能同居，可能結婚，但過了一段時間才了解被騙了，但卻要花很大的功夫逃離。

金錢運

（摩羯座・天相）的人，勤勞認真，財運還好，稍會理財，也能存錢儲

紫微＋土象星座

算命更準！

蓄。會做會計、理財行業或金融業。命格中有爆發格的人會得大財富。一般人會有父母留家產給他。生活愜意。

事業運

（摩羯座・天相）的人，工作很勤奮。雖然此命格的人，中年有些懶洋洋，但他們有責任感，會奮起努力。他們會有穩定的工作。職位雖不高，但會負責勤勉，因此會得到認同。你們會做料理善後的工作。

健康運

（摩羯座・天相）的人，健康還不錯。但要小心地中海型貧血、高血壓、頭痛、泌尿系統、膀胱、內分泌系統、糖尿病、耳朵、腎臟、淋巴系統的問題。

磁場相合的星座與命格

（處女座・破軍）❤❤❤❤❤

（金牛座・天府）❤❤❤❤

（巨蟹座・同梁）❤❤❤❤

（摩羯座・天梁）❤❤❤❤

不想與其溝通的星座與命格

（寶瓶座・七殺）

（寶瓶座・七殺）的人性格很兇，自命清高，（摩羯座・天相）的人與他不合看不慣。

摩羯座＋天梁命格的人

命運特質

（摩羯座・天梁）的人，生於冬季水氣重之時，天梁五行屬土，為凍土，又被洩弱。故此命格的人有些氣勢弱。會對人蔭庇不足，對自家的環境也會復建不足了。你也會遇事閃躲。

（摩羯座・天梁）的人，有『陽梁昌祿格』貴格的人，會有高學歷及大成就。

命宮在巳、亥宮的人，會浪蕩天涯。你們都會在夏天運氣好，在火土年走好運。有爆發格的人會有大富貴。

戀愛運

（摩羯座・天梁）的人，戀愛糾紛多，也會有多角戀愛糾纏不清。你們不怕對象難搞，只怕讓你沒興趣。你喜歡口齒犀利的人相較量。婚後才知道耳根不清靜。常吵架不合。

金錢運

（摩羯座・天梁）的人，財運是『機月同梁格』薪水族的財運。你還需要『陽梁昌祿格』的貴格，或『武貪格』、『火貪格』、『鈴貪格』等爆發格，這樣才會揚名天下，有大富貴。沒有貴格的人只是溫飽而已。

紫微＋土象星座
算命更準！

事業運

（摩羯座‧天梁）的人，做文職，武職皆適宜。你們天生有蔭疪，有上天的保佑，利於考試讀書，和參加國家考試傳臚第一名的機遇。即使做軍警職，你也會是有儒將風範的將軍。有貴格的人會做高階主管或老闆。有爆發運的人會爆發財富，得大富貴。你們適合的行業有教書、慈善業、醫療業、護理師、廟公、寫作等。

健康運

（摩羯座‧天梁）的人，身體好。但要小心脾胃問題、肺部、支氣管炎、感冒、大腸、糖尿病、免疫能力等問題。

磁場相合的星座與命格

（處女座‧天同）❤❤❤❤❤

（金牛座‧太陰）❤❤❤❤

（巨蟹座‧太陽）❤❤❤❤

（天蠍座‧機巨）❤❤❤❤

不想與其溝通的星座與命格

（牡羊座‧巨門）☃

（牡羊座‧巨門）的人性格衝，大砲性格。（摩羯座‧天梁）的人不想糾纏不停，彼此看不慣。

摩羯座＋七殺命格的人

命運特質

（摩羯座•七殺）的人生於冬季水氣重之時，七殺屬金，水凍金寒。是故他會對人冷淡，態度兇，決斷性更強。平常懶得理人，沒興趣的事也不理會。但做事肯負責任，肯擔當。不會畏頭畏尾。

（摩羯座•七殺）的人，是非常頑固的人，理財保守，喜愛物質享受。你們對工作非常打拼，能賺大錢做大事。你們還有爆發運，也能幫你獲得大財富。只是要小心身體，容易受傷、開刀，及肺部與大腸的病變。

戀愛運

（摩羯座•七殺）的人，喜歡速戰速決的愛情，墜入愛河也很快。結婚也很快，不喜歡拖拖拉拉的糾纏。分手時也會很乾脆，不拖泥帶水。此命格的人夫妻運是非常好，生活幸福。

金錢運

（摩羯座•七殺）的人，財運特優。愛賺錢，賺錢的方式是將軍出征，橫掃沙場。他們對金錢有敏感力，知道如何賺錢，大都能有不錯的收入。此命格的人很多都有爆發運，會給他們帶來大財富。父母也會留大筆財產給他，他門是一生富足的。

事業運

（摩羯座•七殺）的人，對錢財的嗅覺靈敏，又肯於努力打拼，不怕苦、不怕難。做軍警職業能立大功賺到大財富與地位。文職較財富少。做商人，多競爭，你們也能賺到大財富。有爆發運的人適合買樂透。

健康運

（摩羯座•七殺）的人，小時身體不好，常感冒，易生病。長大就好了。但要小心很多傷災、車禍及開刀，還有大腸、肺部，支氣管炎、免疫能力等的問題。

磁場相合的星座與命格

（處女座・紫府）❤❤❤❤❤
（金牛座・武府）❤❤❤❤
（巨蟹座・天府）❤❤❤❤
（摩羯座・紫殺）❤❤❤❤

不想與其溝通的星座與命格

（牡羊座・機巨）

（牡羊座•機巨）的人聰明、知識高，討厭笨人。（摩羯座•七殺）的人對此很氣，彼此看不慣。

摩羯座＋破軍命格的人

命運特質

（摩羯座‧破軍）的人，生於生於冬季水氣重之時，因破軍五行屬水，陰寒至極。其人性格也會冷酷無情。天生好勝心強，個性也反覆不定，喜歡開創的格局，常創業，或成為破壞制度的第一人。膽子很大。

（摩羯座‧破軍）的人，常會疑神疑鬼，且說話狂妄。如果有爆發運的人會大起大落。也能得大富貴。破軍是耗星，會消耗錢財與健康。要小心傷災和身體有病痛的問題。

戀愛運

（摩羯座‧破軍）的人，會不考慮現實的條件，不在乎世俗的眼光，也不在乎社會規範，喜歡不正規的愛情。戀愛轟轟烈烈，其結果也起伏不定的。他們是戀愛老手，即使分手，也快速快決。

金錢運

（摩羯座‧破軍）的人，財運有起伏。夏天財運好，冬季財運差。火土年財運好，金水年財運差。你們在工作上有好運，金錢運過得去。做軍警武職較平順，做文職會窘困。有爆發運的人會得大財富。

事業運

（摩羯座・破軍）的人，工作上有好運，要立戰功，才會有大富貴。開工廠品項雜亂、複雜多變的工作，很能勝任。你們常要東奔西走、勞碌奔波，要動才有財。但一生也是戰鬥力旺盛，耗財多，享受也多。有爆發運的人具大成就。

健康運

（摩羯座・破軍）的人，還算健康。要小心傷災、車禍、開刀等事。因為必有一破，破在健康。也要小心淋巴癌、泌尿系統、內分泌系統、糖尿病等的問題。

磁場相合的星座與命格

（處女座・紫微）♥♥♥♥♥

（金牛座・紫相）♥♥♥♥

（巨蟹座・天同）♥♥♥♥

（摩羯座・七殺）♥♥♥♥

不想與其溝通的星座與命格

（雙魚座・天機）☃

（雙魚座・天機）的人情緒多變，心直口快，（摩羯座・破軍）的人喜歡誇大，討厭小聰明，彼此看不慣。

摩羯座＋祿存命格的人

命運特質

（摩羯座•祿存）的人，生於生於冬季水氣重之時，祿存五行屬土，生在秋季土會洩弱。故此命格的人，外表老實，頑固，又懶洋洋。因有『羊陀相夾』的關係，有受害妄想症。人際關係不好，不合群。有很深的自卑感。

（摩羯座•祿存）的人，是吝嗇節儉的人。只顧自己的衣食之祿，會拚命存錢，從不肯吃虧。會把錢存在銀行裡。誰都不相信。有『陽梁昌祿格』的人，會有高學歷及成就。一般人就只有衣食之祿了。

戀愛運

（摩羯座•祿存）的人，因為很吝嗇、一毛不拔，多半相親結婚。有些更吝嗇到不婚，以免要養別人（老婆子女）。他們的婚姻多半不和睦。除非能容忍他，並幫忙養家。他門是名符其實的守財奴。

金錢運

（摩羯座•祿存）的人，只有錢是他的最愛。常因為守財而與家人不睦，不重親情，也不重人際關係。生活節儉，還能得到父母的遺產。

紫微＋土象星座
算命更準！

事業運

（摩羯座・祿存）的人，不論職位高低，他都會忠於職守，任勞任怨，不會輕易的請假，是稱職的員工。因為他愛錢甚於一切。又特別固執，會有專精的手藝及專業知識，薪水和職為都不高，會堅持在崗位上到很老。

健康運

（摩羯座・祿存）的人，小時候身體弱，常生病。青少年變好。他們多半大腸、脾胃不好，幼年常感冒，因此要小心肺部、氣管、大腸、頭部、免疫能力的毛病。

磁場相合的星座與命格

（金牛座・紫貪）♥♥♥♥♥

（處女座・紫府）♥♥♥♥

（巨蟹座・武相）♥♥♥♥

（摩羯座・天相）♥♥♥♥

不想與其溝通的星座與命格

（獅子座・破軍）

（獅子座・破軍）的人大咧咧的花錢，（摩羯座・祿存）的人覺得肉疼，彼此看不慣。

摩羯座＋擎羊命格的人

命運特質

（摩羯座•擎羊）的人，生於生於冬季水氣重之時，擎羊五行屬火金，水冷金寒，擎羊會更銳利。固執跟傷災更多。講話不好聽，帶刺。喜與人競爭，一點虧都不吃，喜歡記恨報復。

（摩羯座•擎羊）的人，有不服輸的性格。有貴格的人仍然有大發展。有『馬頭帶箭格』的人，能威震邊疆。一般人做與刀劍有關行業為佳。軍警業也很好。否則外科醫生、救難隊、與血光有關的醫療業都很適合。有些人會在法院、監獄工作，或做喪葬業、遺體化粧師等工作。

戀愛運

（摩羯座•擎羊）的人，戀愛運有好有壞。但他會用盡手段來得到愛情。更會死纏爛打、愛到發狂，常是恐怖情人，會虐待情人或殺害情人。很是恐怖。

金錢運

（摩羯座•擎羊）的人，財運常不順。也會耗財多。生活中總有困頓的時候，部份人會懶惰不工作，做啃老族。也會做黑道或流氓搶錢。有些人也會有爆發運能發大財。

事業運

（摩羯座・擎羊）的人，做軍警業、或三刀及三師都很強。會技術好。他門很精於細微小節，是完美主義者。，如理髮師、廚師、剪裁師，或外科醫生、醫療、寵物醫療、開刀有關的行業，會賺到錢。做文職主窮困。你們所做的行業大都是競爭厲害的行業。

健康運

（摩羯座・擎羊）的人，幼年難養，長大後強壯。你出生時母親出血多，很危險。某些人的母親生子而亡。要小心車禍、外傷、頭面破相，肝腎的毛病、眼睛不好，易生肝病和腎病，也會有癌症，容易有開刀現象，肺部、大腸，免疫能力等問題。

磁場相合的星座與命格

（處女座・紫微）♥♥♥♥♥

（金牛座・天同）♥♥♥♥

（巨蟹座・廉相）♥♥♥♥

（摩羯座・武貪）♥♥♥♥

不想與其溝通的星座與命格

（金牛座・天府）

（金牛座・天府）的人也怕被劫財，（摩羯座・擎羊）的人對財星有刑剋，兩種人價值觀不同，彼此看不慣。

摩羯座＋陀羅命格的人

命運特質

（摩羯座•陀羅）的人，生於生於冬季水氣重之時，陀羅五行屬辛金，水冷金寒，運氣稍差。會性格懶洋洋，人緣不好，態度粗魯，頑劣。有內心與精神上的問題。也會長期心情不開朗，有自我有精神折磨。偶而會有自殺念頭。

（摩羯座•陀羅）的人，必須離家發展，才會展新人生。他們容易相信陌生人，不相信家人，一生是非多，常暗中行惡事害人、騙人，品行不佳、還會記恨報復。

他們適合做軍警業，可立戰功成就大富貴。他們也有爆發運，運用的好可改變人生。

戀愛運

（摩羯座•陀羅）的人，戀愛多是非，婚姻也不順，會拖拖拉拉，結不成婚。夫妻會相互打架吵架，爭執不斷。他們常同居不婚。也時常家暴。結了婚也不長久。會老年孤獨。

金錢運

（摩羯座•陀羅）的人，財運很差，即使有工作，也會遭到老闆晚發薪水或拖欠薪水。運氣很糟。做軍警業由國家發薪會平順。你還有爆發運可發

紫微＋土象星座 算命更準！

財，會多賺一些。

事業運

（摩羯座‧陀羅）的人，工作斷斷續續，只有做軍警業才會穩定。做文職會窮困，失業。命格陰者會做墓園、喪葬業者，或撿骨師。工作是會有一票沒一票的做著。倘若你有爆發運時，會出人頭地，得大富貴。人生會好運許多。此命格的人頭腦不清，有時會吸毒品或強力膠，又犯案，是警察頭痛的人物。

健康運

（摩羯座‧陀羅）的人，外表大致還好，但頭面有破相，有牙齒的傷害、手足傷，肺部、氣管、大腸、免疫系統有問題，也易生癌症。還有皮膚病或身上長　。

磁場相合的星座與命格

（金牛座‧紫微）❤❤❤❤❤

（處女座‧廉相）❤❤❤❤

（巨蟹座‧天同）❤❤❤❤

（天蠍座‧同梁）❤❤❤❤

不想與其溝通的星座與命格

（獅子座‧機巨）

（獅子座‧機巨）的人很衝，自認高智慧，不搭理人。（摩羯座‧陀羅）的人不想認輸，彼此看不慣。

考試你最強

法雲居士⊙著

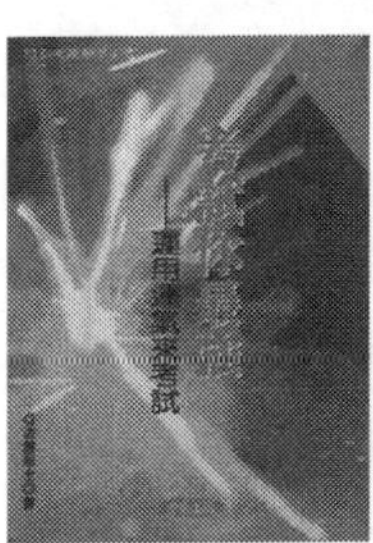

讓老天爺站在你這邊幫忙你考試老天爺給你一天中的好時間、給你主貴的『陽梁昌祿』格、給你暴發的好運、給你許許多多零碎的、小的旺運來幫忙你 K 書、考試，但你仍需運用命理的生活智慧來幫你選邊站，老天爺才會站在你這邊！

如何運用運氣來考試運氣是由許多小的時間點移動的過程所形成的，運用及抓住好的時間點，就能駕馭運氣、讀書、K 書就不難了，也更能呼風喚雨，任何考試都讓您手到擒來，考試運強強滾！考試你最強！

法雲居士⊙著

偏財運的暴發能量 ＝ 人的質量（本命帶財）× 時間^2

會中樂透彩的人，必有其特質，
其中包括了『生命財數』與『生命數字』。
能中樂透彩的人必有暴發運，
而世界上有三分之一的人擁有暴發運。
因此能中樂透彩之人，必有其數字金鑰及生命密碼。如何運用這個密碼和金鑰匙
打開生命中的最高旺運機會，
又將在何時掌握到這個生命的最高峰，
這本『樂透密碼』，
將會為您解開『通往幸運之門的答案』！

如何推算大運、流年、流月

上、下冊

法雲居士⊙著

全世界的人在年暮歲末的時候，都有一個願望。都希望有一個水晶球，好看到未來一年中跟自己有關的運氣。是好運？還是壞運？

這本『如何推算大運、流年、流月』下冊書中，法雲居士利用紫微科學命理教您自己來推算大運、流年、流月，並且將精準度推向流時、流分，讓您把握每一個時間點的小細節，來掌握成功的命運。

古時候的人把每一個時辰分為上四刻與下四刻，現今科學進步，時間更形精密，法雲居士教您用新的科學命理方法，把握每一分每一秒。在每一個時間關鍵點上，您都會看到您自己的運氣在展現成功脈動的生命。

法雲居士利用紫微科學命理教你自己學會推算大運、流年、流月，並且包括流日、流時等每一個時間點的細節，讓你擁有自己的水晶球，來洞悉、觀看自己的未來。從精準的預測，繼而掌握每一個時間關鍵點。

VENUS PUBLISHING CO.
金星出版
命理生活新智慧・叢書

VENUS PUBLISHING CO.
金星出版
命理生活新智慧・叢書